UNE VIE À ÉCRIRE

Éditeurs : Suzette Durand et Vincent Pichon-Varin
Coordination éditoriale : Clémentine Combe
Conception graphique et couverture : Studio Pimpant !
Illustrations : Maurane Mazars

Fabrication : Axelle Hosten et Yanis Loisel
Photogravure : Apex Graphic, Paris

Vous pouvez consulter notre catalogue général et l'annonce
de nos prochaines parutions sur notre site :
www.cherche-midi.com

ISBN : 978-2-7491-7756-4
Dépôt légal : octobre 2023

92, avenue de France
75013 Paris

UNE VIE À ÉCRIRE

le cherche midi

DOUGLAS KENNEDY

•

LA CHAMBRE À DUBLIN

Douglas Kennedy est né à New York en 1955 et vit entre les États-Unis et la France. Auteur de trois récits de voyage remarqués, dont *Combien ?* (2012), il s'est imposé avec, entre autres, *L'Homme qui voulait vivre sa vie* (1998) – adapté au cinéma par Éric Lartigau, avec Romain Duris et Marina Foïs –, *La Poursuite du bonheur* (2001), *Les Charmes discrets de la vie conjugale* (2005), *La Femme du Ve* (2007), *Cinq jours* (2013), *La Symphonie du hasard* (2017, 2018), *Les hommes ont peur de la lumière* (2022), ainsi que son recueil de nouvelles *Murmurer à l'oreille des femmes* (2014) et son essai *Toutes ces grandes questions sans réponse* (2016). Tous ont paru chez Belfond et sont repris chez Pocket.

LA CHAMBRE À DUBLIN

•

On était en 1977. Je vivais à Dublin, où je dirigeais une compagnie de théâtre alternatif (un « collectif », bien entendu) et vivais de presque rien (l'équivalent de 20 euros par semaine, peut-être). Grâce à des amis, j'avais trouvé une chambre dans la maison d'une artiste peintre délicieusement excentrique appelée Veronica, située dans le village côtier de Dun Laoghaire, à sept miles du centre de Dublin. Veronica fumait trois paquets par jour, était une aquarelliste hors pair, et enchaînait les petits amis néfastes, majoritairement des alcooliques. Elle possédait ce qu'on appelait en Irlande un « *two-up, two-down* » (deux en haut, deux en bas), c'est-à-dire une maison d'ouvrier composée de deux pièces au rez-de-chaussée et deux autres à l'étage. Il n'y avait pas de chauffage : il fallait brûler du charbon ou des briquettes de tourbe dans la cheminée. Le papier peint de ma chambre semblait avoir été choisi par une grand-mère (Veronica ne l'avait jamais changé). J'ai passé mon premier week-end sur place à tout recouvrir de trois couches de peinture blanc cassé, ainsi qu'à vernir le plancher et la porte. J'ai acheté un merveilleux bureau ancien en bois, une chaise et une vieille lampe Anglepoise pour environ vingt livres dans un débarras local, et accroché aux murs de vieilles photos encadrées de Dublin, dénichées au même endroit. Dans une boutique du quartier qui vendait aussi des télévisions, j'ai déboursé vingt livres pour une grosse radio à ondes courtes qui me permettait de capter la BBC, Voice of America et même une fréquence allemande qui diffusait du jazz jusque tard dans la nuit. Puis, quand mes parents m'ont envoyé cent livres pour Noël, je me suis payé une machine à écrire manuelle, fabriquée en Bulgarie, avec un clavier anglophone. Je ne roulais vraiment pas sur l'or. Avec les cinquante livres qui me restaient après la machine à écrire, j'ai loué une chaudière à gaz pour cinquante pence par semaine. J'achetais pour l'alimenter de lourdes bonbonnes de gaz au magasin du coin, que je devais ensuite trimballer tout au long de la rue et dans l'escalier montant jusqu'à ma chambre. Mais, une fois en marche, la chaudière réchauffait véritablement la pièce (même si je l'éteignais avant de dormir pour ne pas risquer l'asphyxie).

Beaucoup de gens idéalisent la vie de bohème. Pour l'avoir vraiment connue pendant mes premières années dublinoises, je sais à quel point il était difficile de joindre les deux bouts. Je n'avais pas grand intérêt pour les vêtements ou les biens matériels, mais je possédais à peine assez pour me nourrir, aller au cinéma ou acheter des places de théâtre bon marché, tout en passant avec mes amis de nombreuses soirées dans divers pubs de la ville.

Je n'étais qu'un jeune homme naïf de 22 ans. J'avais beau travailler dans le théâtre (ce qui me conduirait, en 1978, à prendre la direction de la branche expérimentale du National Theatre of Ireland jusqu'en 1983), mon rêve était de devenir écrivain. Nombreux étaient les grands noms de la littérature qui vivaient à Dublin. Mais il y avait aussi ceux que j'ai commencé à appeler les « auteurs de comptoir ». Chaque pub de Dublin possédait son propre raseur, généralement fonctionnaire, qui s'épanchait à qui voulait l'entendre (ou non) au sujet du chef-d'œuvre sur lequel il travaillait… et qu'il n'achèverait vraisemblablement jamais, à force de passer tout son temps libre au bar, à répéter tout haut les mots qu'il ne coucherait jamais sur le papier.

L'écriture est un art, mais c'est aussi un métier. Ces premières années à Dublin, je m'obligeais à écrire tous les soirs, du dimanche au jeudi, en rentrant du théâtre. Je m'y attelais de 23 heures à 2 heures du matin, tout en fumant une clope de l'heure et en buvant de la piquette… ou quelques verres de whisky local. Je m'essayais à la rédaction d'histoires, qui finissaient toutes rejetées par les petites gazettes littéraires auxquelles je les envoyais. J'ai montré l'un de ces récits à un ami acteur, membre de la compagnie de théâtre de l'Irish Radio (songez seulement, une époque où la radio nationale employait une troupe d'acteurs à plein temps et diffusait au moins deux heures de théâtre par jour). Il a bien aimé, et l'a montré à son tour à l'un des producteurs de théâtre radio pour lesquels il travaillait. Celui-ci s'appelait Paul Murray : la quarantaine, tranquille et discret, comme moi ancien élève du Trinity College de Dublin. Il m'a invité à prendre un café chez Bewley's, le troquet du XIXe siècle le plus populaire de la ville, et demandé si j'avais déjà pensé à écrire des pièces de théâtre pour la radio. Son conseil :

"L'ÉCRITURE EST UN ART, MAIS C'EST AUSSI UN MÉTIER."

« Vois ça comme un scénario, mais pour les oreilles… Et choisis Dublin en toile de fond. »

Ce soir-là, muni d'une cigarette et d'un verre de vin bon marché, tandis que la chaudière maintenait en respect le froid humide de

"TOUS LES ÉCRIVAINS SONT UN PEU MANIAQUES."

février et que la radio diffusait du jazz hard bop danois, je me suis lancé dans l'écriture de ma première pièce. Ma petite amie de l'époque, Sheila (que je voyais presque tous les week-ends), a commencé à se plaindre du bruit que faisaient les touches en pleine nuit.

« Tu me fais l'amour, et dès que je m'endors tu te relèves pour écrire ! m'a-t-elle crié une fois vers 4 heures du matin.

— Je vais descendre la machine au rez-de-chaussée », ai-je dit.

Que pouvais-je faire d'autre ? Pourtant, je savais que cela m'obligerait à allumer un feu, car il régnait un froid glacial au rez-de-chaussée de cette maison humide, surtout à une heure pareille.

« C'est une manie, chez toi, l'écriture », a-t-elle ajouté.

J'ai répondu que oui, précisément, et que tous les écrivains sont un peu maniaques.

« Mais tu n'es même pas écrivain, merde. »

À cet instant, je me rappelle avoir pensé : « Eh bien, c'est la dernière nuit qu'on passe ensemble. »

Je suis descendu, j'ai allumé un feu, et j'ai fumé quelques cigarettes tout en continuant de taper.

Puis je suis remonté me coucher, refermant mes bras sur mon amante grincheuse (mais endormie). J'ai sombré dans le sommeil. À mon réveil, il était midi passé et j'étais seul. Un message m'attendait sur mon bureau. Il était de Sheila et consistait en un seul mot : *Adieu*.

Je me suis rendu au rez-de-chaussée. Après une douche rapide dans la salle de bains sans chauffage, je me suis habillé et j'ai préparé du thé et du pain grillé. Ensuite, je suis sorti dans le début d'après-midi grisâtre et je me suis promené jusqu'au bord de mer pour m'éclaircir les idées, tout en réfléchissant à deux films que je voulais aller voir ce soir-là à la cinémathèque de l'époque, au centre-ville.

Je me suis fait la réflexion que je pouvais caser encore trois heures d'écriture entre ce moment et celui d'attraper le bus pour Dublin... et que rien ne me faisait davantage envie que l'idée d'écrire.

Alors je suis rentré, j'ai allumé la chaudière, préparé une nouvelle théière, et je me suis remis au travail sur la page restée dans ma machine à écrire depuis la nuit précédente. Au bout de six semaines, j'ai enfin terminé mon premier jet, bien trop long (une habitude qui me colle encore à la peau aujourd'hui). J'ai passé deux semaines à l'élaguer comme un fou, puis à le retaper, effectuant des corrections à l'aide de cette substance blanche spéciale qu'il fallait laisser sécher avant de pouvoir réécrire par-dessus.

Puis, le cœur battant à tout rompre, j'ai livré ma pièce à Paul Murray. Trois jours plus tard, j'ai reçu un appel à mon bureau du National Theatre : il la prenait... et je serais payé trois cents livres pour la première diffusion, avec cent livres supplémentaires garanties pour trois rediffusions.

Quatre cents livres ! Pour moi, à l'époque, c'était une fortune. J'ai pu partir en vacances pour la première fois depuis deux ans cet été-là, en Grèce, et il me restait même assez d'argent pour passer une semaine à Paris sur le chemin du retour. Quelques mois plus tard, j'ai rencontré au travail un producteur de théâtre radio pour la BBC, de passage à Dublin, et je lui ai parlé de ma pièce. Il m'a demandé de la lui faire parvenir ; je me rappelle avoir apporté les feuillets au théâtre tôt le lendemain matin afin d'en faire gratuitement une photocopie sur la machine du bureau, puis m'être rendu à pied jusqu'au bureau de poste pour l'envoyer. Au bout de deux semaines, la BBC a dit oui. À 24 ans, j'étais officiellement devenu dramaturge ! J'avais vendu l'une de mes pièces à la BBC ! C'était un début.

"RIEN NE ME FAISAIT DAVANTAGE ENVIE QUE L'IDÉE D'ÉCRIRE."

Aujourd'hui, quarante-quatre ans plus tard, ces premières années de bohème à Dublin ne sont plus que l'ombre d'un souvenir. Tout comme ma chambre dans la maison de cette peintre fabuleusement excentrique en périphérie de Dublin, dont l'humidité, l'absence de chauffage et l'usure charmante représentent un lointain chapitre de mon existence. Mais c'est dans cette pièce froide que j'ai fait mes premiers pas en tant qu'écrivain. Et qu'on m'a accusé pour la première fois d'être obsédé par la tâche de coucher des mots sur le papier... une accusation qui s'est depuis répercutée dans tant de mes histoires d'amour.

Et, à présent que je touche à la fin de la soixantaine, avec sept autres pièces de théâtre et vingt-sept livres à mon actif, ma manie de l'écriture n'a toujours pas disparu.

SOPHIE MARCEAU

•

LA MUSIQUE DES MOTS

Actrice, réalisatrice et scénariste, Sophie Marceau a tourné dans plus de cinquante films et réalisé quatre longs métrages. Après *Menteuse* (Stock, 1996), elle publie en 2023 son second livre, *La Souterraine* (Seghers).

LA MUSIQUE DES MOTS

•

Depuis l'enfance, j'aime écrire. À l'époque, griffonner des petits vers sur un papier ou noter mes pensées me paraissait une nécessité, même si je n'étais pas très à l'aise avec l'exercice. C'était un moyen pour moi de donner une forme à mes idées. Je me suis très tôt placée en observatrice pour essayer de comprendre les situations avant de m'y mêler.

Quand les mots nous manquent, on communique autrement et on comprend les choses autrement, par d'autres signes. En cela, je ressemble à mon père. S'il avait une jolie écriture, soigneusement apprise à l'école, il avait du mal avec les mots. Il avait donc coutume de s'exprimer soit par la colère, soit par l'humour. J'ai souffert de cela. Et j'ai toujours ressenti un profond besoin de m'exprimer, ce que mon métier d'actrice m' a permis de faire.

Lorsque je joue un personnage, je vis des émotions fortes. Les périodes de tournage sont d'ailleurs très intenses. Les journées sont longues, on travaille beaucoup, on est entouré en permanence. Je suis alors incapable de faire quoi que ce soit d'autre, même s'il y a des heures d'attente. Cet environnement ne m'a jamais paru propice à l'écriture. Pendant les temps de pause, je préserve mon énergie pour l'utiliser au maximum au moment de jouer. Puis, du jour au lendemain, tout cela s'arrête, on doit emplir ce vide. C'est un autre cadre et un autre rythme.

Mais le corps est habitué au rythme du tournage et à cette énergie. Et quand je dois trouver des moyens de compenser ce manque, l'écriture s'impose à moi. J'écris donc pendant ces mois de liberté entre les tournages. Pas tous les jours. Car l'écriture doit être exclusive. C'est un travail qui me demande une grande concentration et une vraie disponibilité. C'est comme une mise en abyme. Et une façon d'échapper à ce monde trop concret, réel, qui manque parfois de fantaisie. Une nécessité en fait.

"QUAND LES MOTS NOUS MANQUENT, ON COMMUNIQUE AUTREMENT."

Après avoir écrit, je suis vidée, comme après avoir joué une scène où j'ai tout donné. Au sortir d'une belle session d'écriture, mon visage est pareillement blême, creusé. Car tout ce que je vis en tant qu'actrice ou lorsque je prends la plume, je le vis dans mon corps. Plus qu'une libération, l'écriture opère un véritable lavage. Elle remet de l'ordre et laisse de la place à d'autres choses, elle fait circuler les énergies.

Ce travail minutieux de l'écriture est guidé par la recherche du rythme et de la musique. Dans l'écriture, dans une conversation, dans le flux même de la vie, dans la façon dont on bouge… le rythme est partout présent. Et c'est important qu'il y ait cette musique. Je suis très sensible à l'harmonie, à la justesse. Au cinéma, lorsqu'un acteur est juste avec ses mots, c'est qu'il est juste dans son émotion. Quelle que soit sa façon de jouer, si son cœur et son souffle sont en rythme, la phrase sera juste. Je retrouve cette obsession de la justesse dans l'écriture. Je relis mes phrases, je les joue. Tant que le mot ou la phrase ne sonne pas juste, je poursuis ma quête. C'est aussi une des raisons pour lesquelles j'écris de la poésie.

Lorsque je me sens bloquée par la langue ou la syntaxe, j'essaie de tourner la phrase autrement, pour retrouver cette musique. On l'a tous en nous.

Lorsque je me lis, j'entends la mélodie, c'est elle qui me donne le sens des choses, qui me met dans l'ambiance. Je ne pourrais pas écrire autrement, c'est de l'ordre du physique.

"LES DEUX CHOSES ESSENTIELLES SONT LE SOUFFLE ET LE RYTHME."

J'ai publié mon premier livre en 1996. Puis, pendant vingt ans, j'ai fait mes gammes. J'ai beaucoup écrit, noirci des pages de cahiers et pris des notes sur mon ordinateur. Je n'ai montré ces textes à personne. Peut-être qu'un jour je m'y replongerai. Mais j'avais vraiment besoin d'approfondir le mécanisme d'écriture. Je fonctionnais déjà ainsi à l'école : je ne comprenais pas ce qu'on m'apprenait, cela ne m'intéressait pas tant que je ne me l'étais pas approprié selon mes propres méthodes, selon ma propre logique. Et je pense que l'écriture, c'est aussi ça : parler de soi dans son temps, replacer les choses dans un monde qui vous parle. Vingt ans plus tard, je me suis sentie prête à publier des textes que j'ai jugés plus aboutis. Peut-être aussi, avais-je le sentiment que je n'y parlais pas que pour moi. Quand j'ai décidé de faire lire mon livre à un éditeur, avoir un avis, un regard extérieur a été un vrai plaisir. C'était comme si je voyais mon texte de loin.

Je crois être pudique, j'aime rester dans mon univers et pourtant je m'expose sur la place publique depuis toujours. Un paradoxe partagé par beaucoup d'artistes. Mais la sortie de ce livre m'a amenée à voir les choses dans une autre perspective. J'ai le sentiment que, grâce à lui, les gens m'ont perçue autrement, d'une manière qui saisit davantage la personne que je suis réellement. Mon métier d'actrice oriente le projecteur sur l'image. Et l'image, c'est surtout le corps. J'ai commencé ma carrière très tôt et, souvent, dans le regard des autres, mon corps prenait toute la place, il était extrêmement sexualisé, chosifié. Maintenant, j'ai l'impression d'être plus à l'aise avec mon corps, peut-être parce que je l'habite différemment, parce que ce ne sont plus les autres qui l'utilisent. J'en reprends possession en quelque sorte.

"L'ÉCRITURE, C'EST AUSSI ÇA : PARLER DE SOI DANS SON TEMPS, REPLACER LES CHOSES DANS UN MONDE QUI VOUS PARLE."

Et peut-être que cette distance que j'ai prise par rapport à mon corps m'a aussi aidée à me décider à être publiée. Je suis contente que les gens comprennent qu'il existe une part de moi plus secrète, plus mystérieuse, plus déjantée. Je veux garder cette part de mystère, tout en étant lisible. Je n'étais pas sûre que mes textes soient compréhensibles d'ailleurs. Mon éditeur m'a rassurée sur ce point. Je n'aurais pas voulu que le sens que je souhaitais donner à ces textes soit transformé ou mal compris. À travers les interviews, au fil des ans, j'ai tellement été interprétée. (Avec un metteur en scène, c'est différent : j'adore être interprète.)

Je compare beaucoup l'écriture au cinéma, car les ponts sont nombreux entre ces deux arts. Mais je fais une vraie distinction entre écrire un poème ou une nouvelle et un scénario. Quand j'écris pour le cinéma, je visualise les images, les scènes. J'adore développer les détails et les descriptions. Si une situation ou une personne a fait naître une émotion chez moi, alors ma mémoire l'enregistre. Mes oreilles captent la justesse d'une voix, d'un rire et mes yeux mémorisent les détails intrigants. Il ne m'est jamais venu à l'idée qu'une de mes nouvelles puisse faire l'objet d'une adaptation à l'écran. Mais peut-être un jour me dirai-je « là, il y a matière à un film ».

J'ai envie de poursuivre l'aventure de l'écriture, mais je ne sais pas à quel rythme je saurai être créative. Je n'aime pas l'idée d'avoir à rendre des devoirs, ça n'est pas nouveau. Mais j'ai toujours une folle envie d'écrire. Il faut que je trouve le temps, que je me fasse confiance, que je me projette dans cette perspective. Parfois, lorsqu'un acteur reçoit une récompense pour un rôle, il se demande comment il fera aussi bien dans ses prochains films, et il arrive que les années qui suivent soient difficiles. Je n'ai pas eu d'Oscar, mais après les retours encourageants à la parution de mon livre, je vais peut-être vivre cela. Je ne me prononce pas pour la suite de mon aventure : ni devoirs, ni promesses. Mais une chose est sûre, l'écriture continuera d'accompagner ma vie.

"JE N'AURAIS PAS VOULU QUE LE SENS QUE JE SOUHAITAIS DONNER À CES TEXTES SOIT TRANSFORMÉ OU MAL COMPRIS."

2 FLUI

•

LE PLAISIR DU GESTE

Après avoir perfectionné ses « griffonnages » durant les heures de cours, Cyril Simon, alias 2flui, a longtemps parcouru Paris, chaque jour, pour respirer et s'inspirer de tous les graffitis.
C'est dans les années 1990 qu'il a entamé sa carrière artistique, en commençant par « torturer » les lettres dans des endroits et sur des supports très urbains… Le châtiment artistique qu'il inflige aux lettres l'amène petit à petit à en prendre grand soin, jusqu'à les redessiner au travers de la calligraphie. L'écriture est son jouet. Inspiré principalement par la calligraphie arabe, il est à la recherche du tag parfait.
En utilisant différents outils métalliques, du carton, des marqueurs, il crée une forme idéale à chacune de ses calligraphies. Alors qu'elles sont très souvent enrichies de textes sur le thème de la paix, il les couche sur du papier épais avec une forte rugosité, ce qui contraste avec la douceur de ses messages. On retrouve là toute sa dualité.

LE PLAISIR DU GESTE

•

Travailler la lettre a toujours été pour moi un moyen d'explorer mes émotions. Dès l'adolescence, bien avant de m'adonner à l'art de la calligraphie, c'est par le tag que je me suis exprimé lorsque les mots sont venus à me manquer. Peindre à la bombe m'a toujours apporté la solitude dont j'avais besoin pour comprendre les sentiments qui me traversaient.

J'ai commencé à taguer à l'âge de 17 ans, sur les murs de mon quartier. Je noircissais déjà de nombreux carnets durant les cours ; j'ai fini par faire la même chose en dehors. J'étais alors un adolescent timide, facilement intimidé par le regard des autres. Le tag a pour moi été une faille, une manière de faire quelque chose tout en restant dans l'ombre. Je m'étais trouvé un espace caché du regard d'autrui, loin de la lumière, où je pouvais m'exprimer sans avoir à me mettre en avant. J'ai tagué sous de nombreux pseudonymes différents, jusqu'à ce qu'un ami me propose celui de Fluide. Je l'ai transformé en 2flui quelques années plus tard. Écrire ce nom sur les murs sans répit m'a aidé à forger ma personnalité, à m'affirmer et à m'ouvrir aux autres. Plus tard, il m'est arrivé de m'essayer au figuratif et aux fresques avec d'autres graffeurs, par amour du travail collectif et par envie de ressentir l'adrénaline liée à l'exécution rapide d'œuvres monumentales. Cela n'a duré qu'un temps. Je suis retourné faire du lettrage de mon côté. Quand je produis, j'aime être seul ; seul face à la toile, seul face à un mur. Je me mets des œillères et produis, sans me soucier de ce qu'il se passe autour.

La calligraphie, elle, est entrée dans ma vie par hasard. C'est lors d'un voyage à Hammamet, en Tunisie, que je suis tombé sur un petit atelier où travaillait, dans le plus grand des silences, un jeune homme. Cette rencontre a été pour moi une vraie révélation. J'ai tout de suite été fasciné par l'atmosphère feutrée de son espace, par le calme qui se dégageait de chacun de ses gestes. Lui et moi n'avons que très peu parlé. Je n'ai pas ressenti le besoin d'échanger, préférant rester dans l'entrée, à observer l'exécution maîtrisée de son art. La naissance de ma fille, par manque de temps et par envie de m'occuper d'elle, m'avait fait arrêter le graffiti en extérieur ; je ne travaillais plus les lettres que depuis mon garage, sur papier et plus occasionnellement sur des planches de bois que je repeignais inlassablement. Il a été assez facile de me projeter dans ce travail long et solitaire, et de me lancer à mon retour d'Hammamet. Pendant dix ans, j'ai travaillé la calligraphie dans l'ombre, chez moi, loin de la rue où j'avais commencé, passionné par l'infinité des gestes et des techniques qu'il me restait à apprendre. Au cours de cette période, je suis allé à la rencontre d'Hassan Massoudy, un célèbre calligraphe irakien vivant à Paris. Une personne envoûtante, quasi mystique, qui ouvre les portes de son atelier un samedi par mois pour le simple plaisir de partager. Hassan m'a beaucoup inspiré

"ÉCRIRE CE NOM SUR LES MURS SANS RÉPIT M'A AIDÉ À FORGER MA PERSONNALITÉ."

et m'a donné quelques conseils. Son atelier m'a rappelé l'atmosphère de certaines villes du monde arabe, comme Marrakech, comme Hammamet. On y retrouve cette même vie intérieure foisonnante, langoureuse, excessive. Ce même mélange de solitude et de bouillonnement intérieur qui est, je crois, le propre de toute personne passionnée par la calligraphie et par l'art en général.

Réussir à unir mes passions pour la calligraphie et le graffiti n'a pas été évident. Mes lettrages graffitis commençaient déjà à se transformer sous le poids de mon travail calligraphique, sans pour autant atteindre le point d'équilibre. Je cherchais le juste dosage sans vraiment réussir à le trouver : mes productions étaient soit trop proches de la calligraphie, soit trop proches du graffiti. Il m'a fallu plusieurs années de pratique pour réussir à combiner les deux harmonieusement. Ce n'est qu'autour de 2015 que j'ai réussi à mettre en application l'art de la lettre tel que je le percevais. La première œuvre qui m'a paru synthétiser ce que j'aimais dans le graffiti et dans la calligraphie était une variation autour du mot *felony*. Je venais de vivre une rupture importante, dont je ne souhaitais pas parler ; mon besoin de mettre des mots sur certaines émotions s'est emparé des deux pratiques que je travaillais depuis des années. Tout est sorti d'un coup. Cette rupture et cette œuvre m'ont permis de me trouver. Je venais de mettre le doigt sur la bonne formule, celle qui plairait aux graffeurs expérimentés, aux professionnels de la calligraphie, aux néophytes de l'art, et, bien sûr, à moi-même.

La calligraphie, telle que je la pratique aujourd'hui, peut être très abstraite. Les lettres, à force d'être imbriquées les unes dans les autres, finissent parfois par disparaître de l'œuvre. Sur d'autres créations, elles s'invitent de manière plus centrale, s'articulant autour d'un message percutant. Ce sont mes créations les plus proches du tag. Elles ont un effet coup de poing. Et puis, pour d'autres, je ne garde que l'idée du trait pour m'échapper complètement de la lettre. À ce moment-là, le mouvement prend le pas sur tout autre aspect de la calligraphie. C'est un travail magnifique, à l'instinct. Plus rien d'autre que la composition ne compte. Cette dimension demande une maîtrise technique très grande, et une créativité sur les outils plus grande encore. Mon plus grand mur mesure vingt mètres de haut sur environ vingt-cinq de large. Un autre mesure quarante mètres de long sur sept de haut. Ce genre d'espaces donne tout son sens à ma pratique. C'est là que je m'amuse, que je me mets en danger. C'est là que je dois puiser des ressources insoupçonnées. Pour ces compositions, je trace mes lettres avec une idée générale en tête, mais sans plan défini ; le résultat final dépend souvent de mon cheminement intérieur au cours du traçage. Il m'est aussi arrivé de travailler avec des danseurs pour une performance filmée. Je n'ai été capable de faire ça que grâce à la confiance accumulée au fil des ans, à la remarquable qualité de ma partenaire, et à l'envie de proposer de nouvelles expériences et de sortir de ma zone de confort. C'est aussi le cas pour mes œuvres éphémères dessinées sur le sable. À travers elles, j'ai la possibilité de jouer avec le temps, aussi bien dans la création que dans la durée de vie limitée de l'œuvre. Je pose simplement un cadre à ne pas dépasser, à l'aide de cordes et de piquets, et je me lance jusqu'à avoir l'impression d'avoir terminé. C'est, de tout ce que je fais, ce qui se rapproche le plus du graffiti, et aussi de la poésie.

"À CE MOMENT-LÀ, LE MOUVEMENT PREND LE PAS SUR TOUT AUTRE ASPECT DE LA CALLIGRAPHIE."

Ma manière de procéder est, en un sens, très similaire au processus d'écriture. C'est un cheminement long et solitaire, qui mobilise beaucoup d'émotions enfouies au plus profond de soi. Ce bouillonnement interne, qui guide la main du calligraphe, me paraît assez analogue au travail d'auteur. C'est ce plongeon intérieur qui m'a le plus intéressé et le plus touché dans cet art. C'est lui que j'ai souhaité incorporer à ma pratique du graffiti, pour créer une forme d'expression artistique très personnelle. J'avais besoin de cette approche épurée du langage, qui me permet de tourner autour d'une lettre, autour d'un mot, autour d'une phrase ; de les apprécier, de contempler leur sens et de les laisser résonner. Lorsque je cherche à mettre en mots ce que je ressens, je vais puiser une phrase dans un livre et essayer différentes approches jusqu'à ce que les lettres que je trace éclairent mes propres sentiments. Aussi monumental puisse-t-il être, le travail de calligraphie m'évoque instinctivement le plaisir d'écrire. Que ce soit à l'aide de pinceaux, de brosses, de pulvérisateurs ou de râteaux, lorsque je travaille sur le sable, je retrouve la joie de laisser glisser la plume sur le papier, et de laisser librement voguer mes pensées à mesure que se trace la phrase. Au-delà de toute technicité, il y a dans cette approche de la calligraphie un plaisir enfantin, celui de créer un monde, comme une histoire, en laissant la main et l'esprit librement choisir les arabesques qui lui donneront un sens profond, inouï et inédit.

"J'AVAIS BESOIN DE CETTE APPROCHE ÉPURÉE DU LANGAGE, QUI ME PERMET DE TOURNER AUTOUR D'UNE LETTRE, AUTOUR D'UN MOT."

LISA AZUELOS

•

L'AMOUR AU BOUT DE LA PLUME

Lisa Azuelos est romancière, actrice, scénariste, réalisatrice et productrice. Elle a écrit et réalisé, entre autres, *Ainsi soient-elles* (1995), *Comme t'y es belle* (2006), *LOL* (2008), *Un moment d'égarement* (2015) et *Mon bébé* (2019). Elle est l'auteure d'une série de romans dont *Le Bras blanc* (JC Lattès, 2005), *Éloge du silence pendant l'amour* (Plon, 2008), *Mon journal intime* (JC Lattès, 2009), *Laissez-moi danser* (Stock, 2017) et *La Vie en ose* (Belfond, 2020).

L'AMOUR AU BOUT DE LA PLUME

•

Je crois que j'ai toujours écrit, depuis le jour où j'ai su tenir un stylo. Cela m'a toujours fascinée de pouvoir transcrire sur le papier ce qui se passait dans ma tête.

L'écriture est d'abord pour moi un moyen de me relier à moi-même, d'exprimer ma propre vérité. Mais, lorsqu'elle prend la forme d'un film ou d'un livre, cela devient un moyen de se rapprocher des autres. J'essaie d'arriver, dans mon histoire personnelle, à trouver l'universel pour que les gens se disent face à l'un de mes films ou à l'un de mes livres : « je ne suis pas seul(e) à vivre ça » ou « je ne suis pas seul(e) à réagir comme cela », et puissent y puiser des solutions.

Mon métier, c'est de transmettre de l'amour par les histoires que je raconte. Comme Shéhérazade qui, pendant mille et une nuits, raconte des histoires au roi pour le dissuader de la tuer au matin. Au terme de mille et une nuits, elle réussit à le rappeler à l'amour. C'est cette histoire qui m'a motivée à faire du cinéma. Nous avons la même vocation : rappeler les gens à l'amour. Je m'interdis de faire des films ou d'écrire sur d'autres thèmes.

Ce qui m'intéresse dans le fait de raconter une histoire, c'est de donner ce qu'il y a dans mon cœur pour qu'il touche celui des personnes qui m'écoutent, me regardent ou me lisent.

Certes, l'écriture fait partie de mon travail et je lui consacre fréquemment une partie de ma journée, souvent le matin avant 11 heures, mais je ne me force jamais à écrire. Pour moi, l'écriture d'un scénario débute lorsqu'un sujet frappe à la porte de mon cœur. Quand un sujet ne me lâche pas, je sens que je suis prête et que c'est le moment de me lancer sur le papier. J'écris de plus en plus de manière instinctive, sans me plier à un plan arrêté. Intrigue, dialogue : j'écris tout en même temps ! J'aime d'autre part écrire à deux et adapter mon processus d'écriture à la personne qui m'accompagne.

Mes scénarios sont détaillés mais ne laissent jamais la place au superflu. Je garde toujours en tête un conseil que l'on m'a donné : un bon scénario est un scénario auquel on ne peut plus rien enlever. Je laisse toujours une place à l'improvisation ! Pour moi, un film est une œuvre commune. Lorsque plusieurs personnes y mettent un peu de leur propre histoire, cela donne une histoire qui s'adresse à tout le monde. Je suis profondément fascinée par la possibilité, pour un autre être humain, d'incarner une histoire qui n'est pas la sienne mais qui, en devenant sienne, se transforme, et peut même parfois changer ma propre histoire de vie.

"MON MÉTIER, C'EST DE TRANSMETTRE DE L'AMOUR PAR LES HISTOIRES QUE JE RACONTE."

Au début, j'ai beaucoup travaillé sur la notion de voyage du héros, développée par Joseph Campbell, une référence pour de nombreuses écrivaines et de nombreux écrivains, qui décrit les étapes traversées par un héros au cours de son voyage initiatique.

Son parcours est jalonné d'obstacles, jusqu'à l'épreuve suprême : la mort. Il est accompagné et guidé par des alliés au fil de son voyage, mais ce sont les épreuves surmontées et le courage du héros qui sont au premier plan. Je trouve que l'importance des liens humains est davantage soulignée dans le modèle du voyage de l'héroïne, qui a réellement nourri mon travail. Il est illustré par *Le Magicien d'Oz*, plus précisément par la petite Dorothy qui va rencontrer sur son chemin des personnes qui n'ont pas de courage ou de cœur. L'héroïne a besoin de la présence des autres pour aller au bout de sa quête initiatique, mais elle va également les aider à devenir meilleurs. C'est pour cela que je fais des films d'héroïnes, où le partage d'informations, d'amour et de connaissances prime.

"L'ÉCRITURE D'UN SCÉNARIO DÉBUTE LORSQU'UN SUJET FRAPPE À LA PORTE DE MON CŒUR."

Ma pratique de l'écriture ne se résume pas uniquement à mon métier de réalisatrice et de scénariste, j'écris également des romans et des essais. Cette forme d'écriture me donne une liberté différente, car je n'ai pas à penser aux exigences cinématographiques. C'est de l'invention pure, je peux laisser mon imagination vagabonder sans bâtons dans les roues. Lorsque j'écris un scénario, il y a toujours une petite voix qui fait attention à chaque idée, qui s'assure qu'elle est réalisable au cinéma mais aussi qu'elle est assez spectaculaire pour être vue sur les écrans, dans une salle de cinéma. Il faut se rappeler qu'un scénario, si ça ne devient pas un film, ce n'est rien.

Mais j'aime autant écrire un scénario, avec sa structure et ses contraintes, qu'écrire un roman, avec toute la liberté que cela suppose. Sous toutes ses formes, l'écriture m'accompagne.

MARC LEVY

•

ÉCRIRE SES RÊVES

À 18 ans, Marc Levy s'engage à la Croix-Rouge et il y passe six ans avant de diriger un cabinet d'architecture. À 37 ans, il écrit *Et si c'était vrai...*, publié en 2000 aux Éditions Robert Laffont, qui connaît un succès immédiat. Depuis, Marc Levy a écrit 25 romans, qui figurent dès leur parution en tête des ventes annuelles en France et qui connaissent un succès international.

ÉCRIRE SES RÊVES

L'envie d'écrire s'est imposée très tôt, mais ne s'est concrétisée que tardivement. Mon père, homme de lettres, éditeur de livres d'art, m'a transmis son amour de la lecture, et m'a incité à lire tout ce qui me plairait. Il m'a fait découvrir la littérature nord-américaine. À 18 ans, quand je lui ai fait lire mon premier manuscrit, il m'a dit sans détour que ce n'était pas bon, mais qu'il trouvait formidable que j'aie écrit trois cents pages. Je n'ai entendu et retenu que la première partie de son propos, et je me suis interdit d'écrire pendant longtemps.

Plus tard, c'est grâce à un autre lien paternel que l'envie d'écrire est revenue : cette fois avec mon fils. À l'époque, je dirigeais un cabinet d'architectes, j'étais un papa divorcé et chaque moment passé avec lui était précieux.

L'histoire du soir était notre moment préféré. Je me retrouvais chaque soir dans une situation amusante. Lorsque Louis s'endormait trop vite, le père était fou de joie et le conteur un peu frustré. Au contraire, lorsqu'il restait attentif, j'étais heureux d'avoir inventé une histoire qui le tienne éveillé et un peu coupable qu'il ne s'endorme pas. Et dès qu'il fermait les yeux, probablement pour prolonger cette complicité, je filais dans mon bureau écrire l'histoire du lendemain, plutôt que d'aller dîner au restaurant ou chez des amis.

Est venu l'âge où il m'a fait comprendre que le temps des histoires du soir était révolu. Alors une idée m'est venue. Si je ne pouvais plus écrire à l'enfant, rien ne m'empêchait de le faire pour l'homme qu'il deviendrait un jour.

"SI JE NE POUVAIS PLUS ÉCRIRE À L'ENFANT, RIEN NE M'EMPÊCHAIT DE LE FAIRE POUR L'HOMME QU'IL DEVIENDRAIT UN JOUR."

Le personnage de mon premier roman ressemble beaucoup à l'homme que Louis est devenu, et cela me rend très heureux. Mon idée originelle était de lui remettre le manuscrit quand il aurait l'âge que j'avais en l'écrivant, de jouer ainsi un pied de nez au temps et faire en sorte que, le temps d'une lecture, nous ayons le même âge. Je n'avais pas en tête que j'étais en train d'écrire un roman, et encore moins qu'il serait publié.

J'étais bien trop pudique pour dire à quiconque que j'écrivais. Quand le manuscrit a été terminé, je l'ai fait lire à mon père, et cette fois, il m'a dit que c'était publiable, et il le pensait vraiment. Poussé par ma sœur, scénariste et réalisatrice, j'ai envoyé le manuscrit aux Éditions Robert Laffont. Huit jours après, ils m'ont répondu qu'ils souhaitaient le publier.

La vie est faite de rencontres imprévisibles, celle avec Susanna Lea, alors directrice des droits étrangers chez Robert Laffont, a fait basculer ma vie. Elle découvre mon manuscrit dans les livres à paraître et décide de le présenter à la foire du livre de Francfort. Son talent et sa conviction ont fait que ce premier roman, pas encore paru, fit l'objet d'un engouement inespéré dans le milieu du cinéma. À l'époque, les studios américains envoyaient des lecteurs dans les foires internationales du livre, pour y trouver des sujets d'adaptation. Deux semaines plus tard, j'ai reçu un appel de Steven Spielberg qui m'a proposé d'acquérir les droits de *Et si c'était vrai...*, s'engageant à en réaliser un film dans les trois ans à venir. J'avais écrit cette histoire pour partager, avec mon fils, des sentiments et des valeurs qui me tenaient à cœur, le courage d'aimer, d'entreprendre, de ne pas renoncer à ses rêves, même si l'on échoue. La vie venait de m'en offrir un que je n'aurais jamais osé formuler.

"J'ÉTAIS BIEN TROP PUDIQUE POUR DIRE À QUICONQUE QUE J'ÉCRIVAIS."

L'automne s'est installé. Entre la charge de travail au sein du cabinet d'architecture, le temps passé avec mon fils, et parce que l'intérêt de Spielberg devait rester confidentiel, j'ai fini par ne plus penser à la publication de mon roman qui ne viendrait que dans quelques mois.

Et si c'était vrai... sort en librairie le 17 janvier 2000. Un article paru cette même semaine dans la revue de cinéma *Variety* aux États-Unis révèle que Spielberg a acheté les droits d'un roman qui sera bientôt publié en France. Bernard Pivot m'invite à *Bouillon de culture*. Entouré d'écrivains confirmés, assis juste à côté de Max Gallo dont je n'oublierai jamais la bienveillance et la gentillesse, je me sens dans la peau d'un imposteur, et mon premier propos dans l'émission a été : « Je ne suis pas un écrivain, mais j'espère à force de travail le devenir un jour. »

"LA VIE VENAIT DE M'OFFRIR UN RÊVE QUE JE N'AURAIS JAMAIS OSÉ FORMULER."

Le lundi suivant mon passage chez Pivot, j'arrive au cabinet d'architecture et me retrouve dans l'ascenseur avec un contremaître qui me confie avoir vu l'émission et qu'il va acheter mon livre. C'est à cet instant que je prends conscience d'une chose pourtant évidente, mais qui jusque-là m'avait échappé.

Des gens vont lire mon livre, des gens que je connais vont lire ce que j'ai écrit. Et pour quelqu'un d'aussi pudique que moi, c'est terrifiant. J'ai soudain l'impression d'être projeté dans l'un de ces cauchemars où l'on se retrouve sur une scène sans connaître son texte, ou au milieu de la rue en pyjama.

La pudeur, je n'ai jamais réussi à m'en défaire. C'est probablement elle qui m'a poussé à écrire, pour coucher sur le papier ce que je n'arrive pas à dire à haute voix.

Ce matin-là, où j'ai croisé un contremaître, j'ai annoncé à mes associés qu'il fallait que je m'en aille, que je ne pouvais plus être crédible dans mon rôle de chef d'entreprise auprès des équipes. J'ai démissionné, et je me suis consacré à l'écriture, pour être fidèle à ce que j'avais écrit à mon fils.

J'ai depuis écrit 24 autres romans et je ne cesse de me rappeler que j'ai eu beaucoup de chance.

J'ai la chance d'être l'auteur français vivant le plus lu dans le monde, mais je ne me suis jamais pris pour Proust. Un livre, c'est une rencontre entre un lecteur et une histoire à un moment précis de sa vie. Le meilleur livre de l'année ne peut être le même pour tout le monde. À travers mes romans, j'ai cherché à explorer différents thèmes, différents genres. Parce que pour moi l'écriture est un espace de liberté, où il faut écouter plutôt que parler, observer, s'intéresser aux autres. Autant de sources d'inspiration qui alimentent sans cesse mon travail.

"LA PUDEUR, JE N'AI JAMAIS RÉUSSI À M'EN DÉFAIRE. C'EST PROBABLEMENT ELLE QUI M'A POUSSÉ À ÉCRIRE."

C'est pour explorer ces chemins de liberté que je change sans cesse de genre littéraire au fil des publications. L'écriture m'a offert la possibilité de partager certaines choses que je n'aurais jamais pu dire à haute voix, défendre des causes, mais toujours avec l'humilité de ceux qui préfèrent partager des questions plutôt que de prétendre détenir des réponses. Je crois sincèrement que le propos d'un livre n'est pas d'imposer une réponse unique, mais au contraire de soulever quantité de questions. J'ai abordé dans mes romans des thèmes de la vie qui me sont chers, l'amour entre deux êtres et sous toutes ses formes, la relation entre parents et enfants, la quête identitaire, la condition d'étranger, l'injustice et l'abus de pouvoir, l'entraide et la fraternité, l'espoir et la tolérance, mais sans jamais avoir eu la prétention de donner de leçon à qui que ce soit. C'est dans le questionnement que se tissent des liens profonds avec des gens qui ne pensent pas comme vous, ou des gens de cultures différentes.

"C'EST POUR EXPLORER CES CHEMINS DE LIBERTÉ QUE M'A OUVERT L'ÉCRITURE QUE JE CHANGE SANS CESSE DE GENRE LITTÉRAIRE."

Depuis *Et si c'était vrai...*, mes habitudes d'écriture ont évolué. Durant quatre mois, je passe toutes mes journées dans mon bureau, sauf à l'heure du bain des enfants et du dîner. Je m'isole dans ma bulle. Quand je vais me coucher, tard dans la nuit, j'ai parfois l'impression d'avoir écrit de bonnes pages et le lendemain matin, j'ai envie de tout jeter à la poubelle.

L'idée de départ, je suis bien incapable d'expliquer comment elle naît. L'écrivain qui n'écrit pas sur lui, mais sur les autres, a besoin d'être à l'écoute, en observation permanente. Tout peut donner naissance à une idée, une phrase dite par un tiers, la lecture d'un article. Mais une idée ne suffit pas à créer une histoire. Avant cela vient une phase de gestation, la partie la plus ingrate, dans la mesure où elle n'apporte rien de concret dans l'immédiat. C'est le moment où une idée se transforme en histoire, où naissent les personnages. Arrive ensuite le travail de structuration pour essayer de rendre cette histoire intéressante.

Avant d'écrire, je vis avec les personnages, le temps que leur personnalité se forge, que l'intrigue se noue, mais pas nécessairement qu'elle se dénoue, que la structure du récit semble se dessiner. Je sais que je vais porter cette histoire durant des mois, et je dois l'aimer.

Au moment où l'histoire me possède, où je ne pense plus qu'à l'écrire, je n'ai plus qu'une envie : être à ma table de travail. D'ailleurs, si je n'avais pas cette envie absolue, il y a très peu de chances que les lecteurs l'aient à ma place.

L'écriture est une sorte de plongée en apnée, comme dans *Le Grand Bleu*. Ce qui prend le plus de temps, c'est de s'immerger dans cet autre monde. Alors, une fois au fond, j'essaye de garder ma respiration le plus longtemps possible, et de rester dans cet univers imaginaire.

Bien des choses n'apparaissent qu'au cours du voyage. Plus la journée de travail est longue, plus les détails se révèlent. L'écriture est toujours fragile : il faut faire vivre des personnages de fiction, avec leurs contradictions, créer des moments de complicité, des retournements de situation, imaginer les voix, et chaque personnage doit avoir la sienne, distincte des autres dans la rédaction des dialogues. Et comme ces personnages sont imaginaires, il ne faut pas les laisser vous filer entre les doigts ; chaque pause fait courir le risque de perdre le fil de son récit.

"L'ÉCRITURE C'EST UNE SORTE DE PLONGÉE EN APNÉE."

Cela fait maintenant plus de vingt ans que j'écris, et pourtant je suis toujours aussi inquiet à l'approche de la sortie d'un nouveau roman, et chaque publication est source d'un énorme trac, encore plus quand je change de genre. Retour de la pudeur, et du respect à l'égard des lecteurs. Des gens qui ne me connaissent pas vont m'offrir plusieurs heures de leur temps pour me lire. Alors je crains chaque fois de ne pas être à la hauteur de leurs attentes, et je n'ai pas le droit de gâcher des heures qui leur sont précieuses.

L'écriture a bouleversé ma vie, mais, en toute humilité, je pense qu'elle s'inscrit dans un partage avec les autres. J'en ai pris vraiment conscience il y a quelques années, lors d'un voyage à l'étranger.

À l'occasion de la sortie du livre *Les Enfants de la liberté*, qui raconte l'histoire d'une bande de jeunes résistants ayant créé la 35e brigade FTP-MOI, et dont mon père avait fait partie, j'ai été invité à une rencontre dans une librairie installée dans une grande gare allemande. Pendant qu'une comédienne lisait des passages de ce livre, on entendait de l'autre côté de la vitrine les annonces des départs et arrivées des trains, diffusées bien sûr en allemand. Étrange moment, où entraient en résonance l'histoire de résistants déportés en Allemagne et celle du lieu où je me trouvais. Mais devant moi, le public n'écoutait que la comédienne. J'ai pensé à mon père, à son courage et à la joie qu'il aurait éprouvée en voyant cette scène. S'il avait pu dire au soldat qui lui avait assené un coup de crosse sur le visage alors qu'il descendait d'un wagon de déportation : « Dans cinquante ans, mon histoire sera publiée en Allemagne et 300 Allemands viendront librement l'écouter dans une librairie. » Mon père croyait à la réconciliation des peuples, j'en avais eu la preuve ce jour-là.

C'est peut-être cela la magie d'écrire. Partager simplement des émotions, se sentir réunis, ou moins seul.

MAURANE MAZARS

•

DES HISTOIRES POUR COMPRENDRE
LE MONDE

Maurane Mazars, née à Toulon en 1991, est auteure de bande dessinée et illustratrice. Passionnée de dessin, elle étudie successivement à l'école Estienne, la Haute école d'art et de design de Genève et la Haute école des arts du Rhin. Son deuxième album, *Tanz !* (Le Lombard, 2020), remporte en 2021 le prix révélation du festival d'Angoulême. Maurane a réalisé les illustrations des témoignages du recueil *Une vie à écrire*.

DES HISTOIRES POUR COMPRENDRE LE MONDE

•

J'ai appris à lire assez vite et avec facilité, et je dévorais livre sur livre lorsque j'étais enfant. À chaque Noël et chaque anniversaire j'en recevais des piles et des piles, ce qui m'irritait passablement car j'avais l'impression que ces cadeaux ravissaient plus celles et ceux qui me les offraient que moi-même, et que mon identité entière disparaissait dans mes capacités de lecture. Il n'y avait aucune discrimination dans mon appétence entre la littérature, la bande dessinée, les livres illustrés ou non, les livres d'images, les livres scientifiques, les albums, les volumes et les tomes. Mais, les années passant, mon intérêt pour les images mouvantes a grandi avec moi, pour finalement supplanter l'attrait des mots nus. J'étais bercée par leurs lumières, de celle du petit écran de ma Game Boy à celle des étoiles du grand écran. Ce dernier avait plus de grâce aux yeux de ma mère. Elle nous observait avec une certaine fierté, mon amoureux et moi, lorsque nous dévorions frénétiquement film après film, comme désireux d'absorber tout le septième art que nos petits corps d'adolescents pouvaient nous permettre. Elle avait en revanche plus de mal à comprendre, et c'est toujours le cas, mon attrait pour les lumières LCD ou cathodiques, jeux vidéo, clips musicaux, certains films d'animation – qui pourtant sont tout aussi constitutifs de ma culture, de mon langage et de mon univers.

Avec le temps malheureusement, mes capacités de lecture ont faibli. On pourrait blâmer les écrans, les images – ma mère l'a fait, moi aussi. Je les ai trop longtemps opposés aux livres dans mon esprit, hiérarchisé les cultures et les expressions. Je comprends désormais, malgré mon athéisme, qu'au commencement est bien le verbe. Que quelles que soient leurs formes, ce sont les histoires qui me nourrissent depuis ma plus tendre enfance. Fille unique, elles furent mes plus proches amies, confidentes et guides pour comprendre le monde, les autres, et moi-même. Et à l'origine de n'importe quelle histoire se trouvent les mots.

"JE COMPRENDS DÉSORMAIS, MALGRÉ MON ATHÉISME, QU'AU COMMENCEMENT EST BIEN LE VERBE."

Aujourd'hui, je suis auteure de bande dessinée, et j'ai mis du temps à comprendre ce que cela impliquait. Certes, mon talent le plus « visible » est le dessin. Mais il n'est qu'un outil pour raconter mes histoires. Je suis auteure, et cela réside en l'articulation du dessin et du récit. Le coude et le poignet qui supportent une main tendue vers le monde.

ALINE LE GULUCHE

•

LES MAUX DES MOTS

Après des années de lutte contre son illettrisme, Aline Le Guluche est retournée à l'école la cinquantaine passée, pour sortir d'une « vie de galères » et de subterfuges. Elle maîtrise désormais lecture et écriture et en a fait un livre : *J'ai appris à lire à 50 ans* (Prisma, 2020).

LES MAUX DES MOTS

•

Une petite fille, la dernière d'une famille de huit enfants, née dans une ferme où les livres étaient inexistants.

Tandis que certains enfants avaient déjà été à l'école maternelle, de mon côté, à 6 ans, je n'avais jamais tenu un crayon à papier, ni même un livre.

Mes parents étaient bien trop occupés au dur labeur de la ferme, la traite des vaches, la culture des champs, la nécessité de nourrir les enfants. Travailler pour manger, telle était leur devise. Et c'est avec ces valeurs vraies que j'ai grandi.

Mais, à 6 ans, l'école est obligatoire. Ma grande sœur à mes côtés, un vieux sac d'école usé par les années de service de mes aînés sur le dos, nous voilà partis. Direction l'école primaire de Dennemont, un petit village des Yvelines, à seulement 800 mètres de la ferme, mais complètement inconnu pour moi.

Première journée, premier rituel.

Le professeur, vêtu de sa blouse bleu pétrole, brun avec les cheveux très courts, rassemble d'un coup de sifflet tous les enfants.

« Pas un mot », ordonne-t-il. « Rentrez dans la classe et prenez place devant un pupitre. »

Puis vient l'appel des élèves. La phrase de morale du jour. La distribution des crayons à papier, des cahiers et le remplissage de l'encrier.

L'apprentissage de l'écriture et de la lecture va pouvoir commencer.

J'appuyais si fort sur mon crayon que les mines ne résistaient pas. Obligée de lever la main pour que l'instituteur me le taille, car il était le seul à détenir un taille-crayon. J'ai vite appris les conséquences d'une mine cassée : une claque bien sonnée derrière la tête.

Quelque temps plus tard, ce fut le porte-plume et l'encrier. Les conséquences s'alourdissaient : une tache sur le cahier, un coup de règle sur les doigts. Plusieurs taches, feuilles arrachées et direction le coin. Et si j'appuyais trop fort sur la plume, elle finissait par se casser. Alors la colère s'emparait de lui, je sens encore sa main se resserrer sur mes cheveux pour me jeter dans le couloir.

"J'APPUYAIS SI FORT SUR MON CRAYON QUE LES MINES NE RÉSISTAIENT PAS."

Je redouble le CP, la violence a été plus forte que l'éducation. Je n'ai pas acquis la lecture, ni l'écriture. Je redouble donc, mais avec le même instituteur.

Ces deux premières années d'école me laissent encore des frissons dans le dos.

Bien heureusement, les enseignants comme ça n'existent plus. Du moins, je l'espère.

Par chance, à mon arrivée en CE1, j'ai eu le bonheur de rencontrer un enseignant jeune et dynamique, avec une pédagogie tout à fait nouvelle pour ce petit village.

Il a fallu qu'il m'apprivoise. Que j'arrête d'avoir peur. Que je puisse lui faire confiance.

Malgré beaucoup d'efforts, devant cette page de lecture, les mots ne sortent pas de ma bouche. Je vois les lettres, mais impossible de les assembler. Je suis bloquée, muette.

C'est une torture pour moi. Il voit ma souffrance, il m'aide. Avec une voix douce, il lit à ma place. Puis il me fait recommencer. Pour écrire, les stylos à bille sont enfin arrivés dans cette petite école de campagne. Même si ma page est remplie de ratures, de mots incompréhensibles, il ne dit rien, aucune violence, aucune punition. Je ne passe plus les récréations au coin, ou à faire le tour de la cour avec une pancarte mentionnant *Je ne sais pas lire* accrochée dans le dos. Cet enseignant s'appelle M. Beau. Il porte bien son nom, car il est beau de l'intérieur. Il a fait découvrir à toute sa classe la musique, le théâtre, le chant.

"JE VOIS LES LETTRES, MAIS IMPOSSIBLE DE LES ASSEMBLER. JE SUIS BLOQUÉE, MUETTE."

Pendant ces années scolaires, j'ai rencontré Nathalie, l'amie de toute une vie. On partage le même pupitre. Lorsque la lecture est trop dure pour moi, que les mots ne veulent pas sortir de ma bouche, elle les lit à ma place. Lorsque je n'arrive pas à rassembler les lettres, quand elles dansent devant moi, quand le *P* se transforme en *B*, le *C* en *G*, quand le *M* et le *N* se ressemblent. Quand la panique s'empare de moi, quand mes angoisses refont surface, elle est là.

Je reprends alors goût à l'école. Mais mon handicap est déjà présent. Les autres enfants ont bien de l'avance sur moi.

La vie de frustration commence. Pour fêter la fin de l'année scolaire, M. Beau souhaite que la classe joue une pièce de théâtre. Nous avons tous un petit texte à apprendre. Les rôles sont distribués selon la capacité de chacun. Bien sûr, je n'ai pas eu de rôle important, juste un rôle de figuration. Pourquoi les mots m'échappent-ils toujours ? À 10 ans, je me sens déjà exclue.

La maman de Nathalie est infirmière à la maison de retraite du village. Elle aime organiser des après-midi à thème pour les personnes âgées. C'est ainsi que nous nous retrouvons à donner de petits spectacles pour nos aînés.

"POURQUOI LES MOTS M'ÉCHAPPENT-ILS TOUJOURS ?"

Mon imagination débordante a le beau rôle. J'imagine, je crée, et Nathalie note et organise. Là, je trouve ma place. Le bricolage de quelques vieux vêtements les transforme en costumes de scène. Nous apprenons des chansons en écoutant en boucle des 33 tours, de Claude François, Michel Fugain…

J'ai trouvé ma voie, je sais ce que je veux faire de ma vie. Monter sur scène, chanter, danser, faire du théâtre et du cinéma.

« Ce n'est pas un métier, me disent mes parents, et tu n'arrives pas à lire et à écrire. Arrête de chanter, de danser, ce n'est pas une vie pour toi. Mais tu es courageuse. Tu travailleras de tes mains, et ta vie sera parfaite. »

Après trois belles années avec M. Beau, je reprends de très mauvaises habitudes. Pas trop d'efforts ; puisque cela ne sert à rien.

Je mets en place une stratégie : ne plus m'appliquer, écrire le plus mal possible – ce n'est pas très compliqué, il suffit d'écrire comme un médecin. Ainsi, mes fautes sont dissimulées. Mais ce n'est qu'un leurre et les enseignants ne sont pas dupes.

Moi qui rêvais d'écrire des chansons, j'ai décidé de ne plus écrire.

Ce qui m'intéresse, c'est de travailler pour gagner un peu d'argent. C'est ainsi qu'à 16 ans je quitte l'école, illettrée.

Mais quel travail vais-je choisir ? Est-ce le travail qui va me choisir ?

Une connaissance me propose un emploi dans un pressing.

On m'explique le fonctionnement de la boutique. Il suffit de noter le nom de la personne qui dépose le vêtement sur un coupon, puis de bien choisir les produits. Il ne faut pas se tromper, il y a une multitude d'étiquettes sur les bidons. Toutes ces lettres, ces mots sur les flacons me donnent le tournis. Je baisse la tête, j'ai honte, donc je refuse. Sans aucune explication.

Je finis par trouver du travail dans une usine de pâtisserie. La seule consigne est de travailler de ses mains. Travailler de mes mains, comme me l'avaient dit mes parents.

Bien loin de mes rêves de chant, de théâtre, de musique. Une handicapée dont les mots sont les maux, voilà ce que je suis. Un handicap que personne, autour de moi, ne peut imaginer. Marcher à l'aveugle, buter sur les mots puis tomber de honte, voilà ma vie.

"UNE HANDICAPÉE DONT LES MOTS SONT LES MAUX, VOILÀ CE QUE JE SUIS."

Je travaille, j'ai un salaire, je suis en bonne santé. Mon handicap est bien caché, je vis ma vie de femme.

Sans ne jamais dire un mot sur mon illettrisme, je me marie, j'ai deux enfants.

C'est avec eux que je prends vraiment conscience de mon problème. Je suis incapable de leur lire la moindre histoire, incapable de les éveiller à un monde culturel.

Mais j'ai des ressources, parole d'illettrée ! Je sais donner le change. Les contes de Cendrillon ou de Blanche-Neige, d'image en image, je les transforme en pièces de théâtre. Les yeux grands ouverts, ils restent attentifs, je tourne les pages pour leur donner l'impression que je lis l'histoire. Mon souhait, caché à l'intérieur de moi, c'est que mes enfants ne souffrent pas de ce handicap. Je veux qu'ils aient du vocabulaire, je veux que leur lecture soit souple, je veux que leur écriture soit légère. Pour qu'ils aient le choix, dans leur vie d'adultes. Libres de lire, de comprendre. Qu'ils ne soient pas, comme moi, coincés dans une prison intérieure.

Les années passent, mon milieu professionnel change. Après quinze ans passés à l'usine, me voilà dans les cuisines d'un centre hospitalier. Je n'avais pas imaginé que dans ce milieu il y avait autant de choses à lire et à écrire. Tous les jours, je vais au travail avec la boule au ventre. Comment faire pour ne pas être démasquée ?

Les premiers mois, je fais la plonge et le ménage. Mais il a fallu que j'évolue professionnellement pour décrocher un contrat de trois ans. Si, par malheur, on s'apercevait de mon handicap, on ne me garderait pas.

Pour préparer les plateaux-repas des malades, il faut suivre des instructions écrites. Ce travail est réalisé en binôme, mais on me laissera seule pour évaluer mes compétences professionnelles.

Comment dissimuler mon illettrisme ? Je n'avais plus 10 ans, écrire comme un médecin ne suffirait pas. Une seule solution : le faire disparaître. Pour m'entraîner à lire et à écrire, en cachette de ma famille, j'ai rapporté à la maison les documents professionnels que j'utilisais au quotidien, les listings de fabrication des plateaux-repas. Pour moi, dès qu'il s'agit d'écrire, tout est compliqué. Pour la lecture, j'arrive à assembler les syllabes entre elles, même si c'est lent et laborieux. Il est nécessaire que j'y parvienne.

"JE VEUX QU'ILS AIENT DU VOCABULAIRE, JE VEUX QUE LEUR LECTURE SOIT SOUPLE, JE VEUX QUE LEUR ÉCRITURE SOIT LÉGÈRE."

Je comprends qu'il faut que je mémorise, comme pour les pièces de théâtre avec mon amie. Alors j'ouvre mes oreilles pour écouter les sons que les lettres produisent, je photographie avec mes yeux. Écrire le mot « tomate », jusqu'à ce que ce soit parfait, puis tous les mots du listing : « concombre, betterave, yaourt ». J'y arrive un peu. Juste de quoi donner le change.

Apprendre à écrire quelques mots m'a permis de dissimuler encore mieux mon illettrisme.

"J'OUVRE MES OREILLES POUR ÉCOUTER LES SONS QUE LES LETTRES PRODUISENT, JE PHOTOGRAPHIE AVEC MES YEUX."

La première fois que je demande à mon chef une formation « pour retourner à l'école », il me dit que je n'en ai pas besoin. Qui est-il pour savoir ce dont j'ai besoin ! Ma vie du quotidien serait changée, du tout au tout.

Je pourrais m'impliquer un peu plus dans la scolarité de mes enfants. M'inscrire dans une association, faire du théâtre, écrire des chansons. Aller jusqu'au bout de mes rêves. Toute une vie de frustration et d'incompréhension.

Au travail, on pense souvent que je suis timide. Toujours en retrait, pas assez impliquée dans les décisions collectives. J'aimerais tellement me mettre en avant et leur dire ce que je pense. Mais pour que ton idée soit retenue, il faut la mettre sur papier. Ça, je ne sais pas faire. Je ne suis pas seule, j'ai remarqué que plusieurs de mes collègues sont comme moi, toujours en retrait, jamais de stylo, jamais de lunettes. Ils ont eux aussi, j'en suis sûre, des stratégies de contournement. Mais l'illettrisme est encore tabou. On dit que cette personne est imbécile, mais surtout pas illettrée. Je reste dans l'ombre, telle est ma place.

J'ai 40 ans, mon dos et mes épaules me font mal. Porter, pousser, tirer, faire toutes les tâches que personne ne veut faire, ça use même le moral.

À 50 ans, je n'en peux plus. Le mal-être prend le dessus, une dépression pointe le bout de son nez. Il faut impérativement que quelqu'un m'écoute. Mais à qui parler, et comment aborder le sujet ? Je demande à ma fille de me faire un courrier pour prendre un rendez-vous avec la directrice des ressources humaines et exprimer mon désir de retourner sur les bancs de l'école. J'étais fermement décidée à ne rien lâcher.

Arrivée devant la porte de la directrice, je toque fermement.

« Entrez et installez-vous, que puis-je faire pour vous ?

— Bonjour Madame, je travaille au sein de l'hôpital depuis plus de vingt-deux ans. Je me permets de vous déranger, car je souhaite retourner à l'école.

— Mais dans quel but ?

— Je vous ai fait une demande par écrit, la voici.

— Elle est très bien, cette lettre, je ne comprends pas. Pourquoi retourner à l'école ?

— Pour reprendre les bases de la lecture et de l'écriture. C'est ma fille qui a rédigé cette lettre, car, moi, j'en suis incapable. J'ai 50 ans, je suis fatiguée. Je désire évoluer professionnellement. Travailler moins péniblement. Peut-être passer un CAP d'hôtellerie. »

J'ai vraiment l'impression de demander la charité, moi qui ne demande rien habituellement, qui me dissimule tel un caméléon.

"JE DÉVOILE TOUTES MES STRATÉGIES, JE CASSE LES BARREAUX DE MA PRISON INTELLECTUELLE."

Je dévoile toutes mes stratégies, je casse les barreaux de ma prison intellectuelle. Pour la première fois, mon handicap est à jour.

Mes joues rougissent, mes yeux se retiennent de pleurer, tandis que ma bouche n'arrête pas de parler. Trop d'émotions, je transpire. Je veux qu'elle comprenne, qu'elle entende mon appel au secours.

Une semaine plus tard, mon téléphone sonne, la DRH me demande si je suis disponible, elle a des choses à me proposer.

Oui, bien sûr, je me rends disponible toute suite. Un mouvement de panique s'empare de moi. Puis un grand sentiment d'espoir. L'espoir d'aller mieux, de changer ma vie. Je croise les doigts.

« Entrez Madame, je vous attendais, prenez une chaise, installez-vous. J'ai de bonnes nouvelles. Il y a une école, Les compétences clés, à Paris. La première session commence en septembre. Il faut se dépêcher de remplir la demande. »

Ensemble, on remplit les formulaires. Vont-ils accepter mon dossier ? Il faudra patienter.

Cinq semaines, c'est long et court à la fois. Cinq semaines pour qu'une décision qui changera ma vie soit prise par ma hiérarchie.

Le facteur dépose enfin la lettre tant attendue. Je l'ouvre. Un nouveau dossier à remplir. J'ai rendez-vous le lendemain avec la directrice. Si je dois remplir tout ça, c'est plutôt bon signe.

Le lendemain, 10 heures, la porte de la directrice est entrouverte.

« Bravo ! Votre nouvelle aventure va pouvoir commencer », me dit-elle. Je pourrai commencer l'école en septembre. Ce sera tous les vendredis matin, pendant six mois. « Un seul petit problème pour vous, ajoute la directrice, l'école se trouve à Paris. »

Bien sûr que pour moi, c'est un problème. Prendre le bus, puis le train, puis le métro. Plus d'une heure de transport. Lorsque l'on a du mal à lire, comment faire pour se diriger ?

Mais il faut que je franchisse ce premier pas. Je demande de l'aide à ma famille, qui me donne de très longues explications. Je fais comme avec ma liste de mots compliqués « tomate, concombre », j'apprends par cœur, les couleurs des lignes, les chiffres et le nom des stations. Je me perds à plusieurs reprises, je demande. Heureusement que je suis partie deux heures en avance. Cela m'a permis d'arriver juste à l'heure à l'école « des compétences clés ».

La tranche d'âge est de 20 ans à 50 ans. Je ne suis pas très à l'aise, même effrayée. Mais ma bonne volonté doit prendre le dessus.

Cathy, notre enseignante, nous présente le programme. Nous allons reprendre les bases de la lecture, de l'écriture et des mathématiques. Devant certains visages fermés, elle déclare que cela n'aura rien de scolaire. Chacun sa vitesse d'apprentissage, surtout aucun stress, personne n'est là pour être jugé.

Alors qu'enfant, j'allais à l'école la boule au ventre, à 50 ans, je suis très fière d'aller à Paris tous les vendredis pour saisir ma chance d'évoluer enfin. Je découvre le bonheur d'apprendre. Je peux poser toutes les questions qui me passent par la tête. Je voudrais que ces six mois m'ouvrent la porte de la liberté, pour que je puisse passer un CAP d'hôtellerie. À partir de ce moment-là, j'ai commencé à lire et à écrire jusque tard le soir. Faire et refaire les exercices. Tout le travail que l'on faisait, le vendredi matin, avait un lien direct avec la vie quotidienne. Cathy nous a demandé de rapporter des supports de travail et des contrats, pour qu'on puisse les lire, les comprendre. Comprendre pour écrire, quelle évidence. Ce fut une belle expérience.

"JE DÉCOUVRE LE BONHEUR D'APPRENDRE."

Une nouvelle femme voyait le jour à force de travail et de ténacité. Cette période fut une renaissance, j'ai pu casser les murs qui m'étouffaient. Je me suis ouverte au monde sans même m'en apercevoir.

Ma formation le vendredi matin n'a duré que six mois. Il est impossible de rattraper toute une vie scolaire en six mois. Mais le temps que j'ai passé dans cette école pour adultes m'a redonné confiance en moi.

Il m'a fallu plus d'un an et demi de travail acharné pour écrire les cinquante pages que je dois présenter au jury pour la validation de mes acquis.

Mon livret de présentation pour mon CAP est enfin prêt. Le lieu indiqué sur ma convocation est de l'autre côté de Paris. Mais les GPS existent, et je sais écrire et lire.

Le jour tant attendu est enfin là. Ma convocation et mon livret sous le bras, je grimpe dans ma voiture avec trois heures d'avance, au cas où ! Un bouchon, une crevaison… Il est hors de question qu'un simple détail mette en péril tant de travail, il faut que je sois en avance pour me concentrer, pour me détendre. Car certaines angoisses de mon enfance n'ont pas disparu. À mon arrivée, une femme me dirige parmi de longs couloirs jusqu'à une salle d'attente.

"JE ME SUIS OUVERTE AU MONDE SANS MÊME M'EN APERCEVOIR."

Je profite de cet instant de tranquillité pour relire mon livret pour la centième fois.

Dans une salle juste devant moi, cinq adultes s'installent autour d'une table. Ce sont les inspecteurs.

Mes jambes commencent à trembler. Une petite voix dans ma tête me dit : « Calme-toi. La blouse bleue, les coups de règle, les cheveux arrachés, tout ça, c'est du passé. Pense à quelque chose d'agréable. » Je ferme les yeux, je pense à mes enfants et petits-enfants. Mon corps se détend en attendant que l'on m'appelle.

Mon nom résonne, c'est mon tour.

Sans perdre de temps, les questions sur le livret que j'ai écrit s'enchaînent. Avec une grande facilité, je réponds et j'explique en détail tout ce que j'ai écrit dans ce livret, qui présente tout simplement mes acquis. Plus de vingt ans de travail dans le milieu de la restauration. Même si je n'ai pas toujours su écrire, j'ai toujours su travailler. Je peux en parler pendant des heures.

Ils me remercient en me félicitant. « Vous devriez passer un BEP ou un bac », me disent-ils. Je les remercie mais un CAP c'est déjà beaucoup pour moi.

« Vous allez recevoir vos résultats par courrier », me disent-ils en souriant. Je pars l'esprit tranquille.

Le courrier tant attendu finit par arriver. Une première lettre m'informe que j'ai obtenu mon CAP. Puis, en grand format, je trouve mon diplôme d'hôtellerie.

C'est un véritable feu d'artifice dans ma tête. Une des plus grandes victoires de ma vie. Pour moi, c'est bien plus qu'un diplôme.

Même si je fais toujours des fautes d'orthographe, même si les mots m'échappent, même si ma lecture est toujours très lente, maintenant, je suis libre. Plus besoin de demander, de faire confiance. Désormais, j'accepte les maux de mes mots, car ils feront toujours partie de moi.

Aujourd'hui, cela fait dix ans que j'ai obtenu mon CAP. Depuis plusieurs années, je suis porte-parole de la lutte contre l'illettrisme et ambassadrice de Lancôme pour le programme « Écrire son avenir ». On me demande souvent de participer à des conférences sur le sujet. De nombreuses associations souhaitent que je rencontre leurs apprenants. Ces prises de parole leur permettent de partager des témoignages compliqués liés à l'illettrisme. Ils sont là pour se battre, pour aller mieux. Maintenant je suis là pour les encourager. Libérer la parole, faire tomber le tabou et les idées

"MÊME SI JE N'AI PAS TOUJOURS SU ÉCRIRE, J'AI TOUJOURS SU TRAVAILLER."

toutes faites. L'illettrisme n'a pas d'âge ni de couleur. Il se dissimule derrière de nombreux visages. Ce fléau est encore bien trop présent en France.

Tel est mon combat.

Lire, écrire et compter ouvrent les portes de la liberté.

Jeanne d'Arc
Marie-Antoinette
Grace
Kelly
Lady Diana

STÉPHANE BERN

•

L'ÉCRITURE EN PARTAGE

Animateur de télévision, Stéphane Bern commente sur France 2 les grands événements (Concert de Paris, Réveillon du 31…) et présente sur FTV des émissions en *prime time* : le magazine *Secrets d'Histoire*, mais aussi *Laissez-vous guider*, *Le Village préféré des Français*… Il a publié une trentaine d'ouvrages dont les derniers *La Vie retrouvée d'un collège royal* (Albin Michel, 2002) et *Les Secrets de… l'Élysée* (Plon, 2002). Par ailleurs, Stéphane Bern s'est vu chargé par le président de la République d'une mission sur le patrimoine en péril. Fondateur de la Fondation Stéphane-Bern pour l'histoire et le patrimoine, abritée par l'Institut de France, il remet chaque année un prix Histoire et un prix Patrimoine.

L'ÉCRITURE EN PARTAGE

L'écriture a toujours été pour moi une nécessité. Aussi loin que je puisse m'en souvenir, je me rappelle consigner mes pensées dans des carnets et échanger des lettres avec mes proches. Dans notre famille, tout le monde s'écrivait des lettres. Il n'y avait jamais de mauvaise raison de se donner des nouvelles, de se remercier chaleureusement après les moments passés ensemble. L'écriture faisait partie de mon éducation. Pendant de longues années, nous réalisions même un *fanzine* familial que nous écrivions tous ensemble et que ma mère ronéotypait à son bureau ; j'y racontais mes visites dans des musées, dans des monuments, et des petites bribes d'enfance qui me paraissaient à cette époque d'une grande importance. J'étais alors un enfant très indiscipliné, très insolent ; l'écriture et la lecture m'ont sauvé de ce tempérament tempétueux. Je ne peux que remercier mes parents d'avoir inoculé en moi ce virus des livres, des lettres et des pensées.

À la maison, les livres étaient tout. Mon frère et moi avons grandi sans la télévision ; et si nos parents en ont possédé une ensuite, c'est par notre faute : nous avions fini par leur en offrir une. Les livres de la bibliothèque familiale étaient notre principal véhicule dans les chemins qui nous conduisaient au rêve. C'est avec eux que nous avons vécu quelques-uns de nos plus beaux voyages. Je me souviens encore, livre à la main, de fantasmer les mille vies que nous pourrions avoir. Nos parents nous ont très tôt habitués à la Bibliothèque rose, puis à la Bibliothèque verte, avant de nous laisser plonger dans leur propre collection. Toutes sortes de livres s'y trouvaient. On y croisait des grands classiques, des livres d'histoire, de la littérature contemporaine, des écrivains comme Robert Sabatier, André Gide ou François Mauriac. Le premier livre que j'ai lu a été *Sans famille*, d'Hector Malot.

Devenir journaliste a été la suite logique de cette enfance passée dans les livres. Tout ce que j'ai pu entreprendre au cours de ma vie, je l'ai fait avec l'envie de raconter l'Histoire et des histoires. J'ai publié mon premier livre à l'âge de 26 ans, porté par l'envie de retranscrire le destin des personnes m'ayant servi de modèle. Mon métier m'a permis de découvrir des parcours extraordinaires, pleins de chemins creux. J'aime les figures qui ont su s'en sortir face à l'adversité, celles qu'une foi en la victoire et un grand sens du devoir guident à travers les obstacles. En ce moment, ce sont les femmes qui ont eu envie d'écrire l'Histoire qui ont mon attention. Il y a bien sûr les grandes femmes qui ont marqué leur époque, Jeanne d'Arc, Aliénor d'Aquitaine, Marguerite de Bourgogne, Marie de Bourgogne, Anne de Bretagne, ou encore Blanche de Castille. Mais aussi toutes ces figures méconnues qui n'ont pas attendu que leur soit donnée l'autorisation de compter dans l'Histoire. Les femmes ne demandent

"LES LIVRES DE LA BIBLIOTHÈQUE FAMILIALE ÉTAIENT NOTRE PRINCIPAL VÉHICULE DANS LES CHEMINS QUI NOUS CONDUISAIENT AU RÊVE."

pas que soient érigés des monuments à leur gloire. C'est la raison pour laquelle j'aime fouiller leur héritage.

L'écriture m'a également permis de trouver ma place dans la société. Dans ma prime jeunesse, je souhaitais ressembler aux personnages historiques sur lesquels j'écrivais. Je voulais me faire aimer d'eux. J'ai appris à être moi-même, à m'accepter. Je reste toutefois passionné par les grands de ce monde. Les cours royales et princières ont toujours suscité chez moi une certaine tendresse, avec tout ce qu'elles imposent comme renoncement, comme aliénation. Il y a un côté sacrificiel qui me plaît bien. Pour autant, je ne me considère pas comme mondain. J'ai longtemps été perçu comme un chroniqueur mondain, dans une mauvaise définition de ce que peut être la mondanité. Mon premier roman, *Un si joli monde*, a été l'occasion de dénoncer certaines postures, de poser un regard lucide sur les milieux que je fréquentais, de réfléchir à la place que je souhaitais moi-même y occuper. Je me suis beaucoup amusé à l'écrire. Inventorier, répertorier toutes les impostures sociales et mondaines, puis les réemployer pour écrire un roman a été très ludique. Les suivants se sont quant à eux intéressés à des personnages oubliés dont je me suis senti proche. J'ai écrit un deuxième roman sur Marie Blanc, l'épouse de François Blanc, inventeur des casinos et de Monte-Carlo, puis un troisième, *Oubliez-moi*, librement inspiré de la vie de Gisèle Pascal. Ce roman traite des figures très populaires un temps, puis soudainement tombées dans l'oubli. À travers elles, je retrouve des sujets qui me guident. Ces livres ont aussi été l'occasion d'explorer les replis de l'âme humaine autour d'un thème ayant valeur d'universel. À chaque fois, l'écriture romanesque m'a offert le pas de côté dont j'avais besoin.

"L'ÉCRITURE M'A ÉGALEMENT PERMIS DE TROUVER MA PLACE DANS LA SOCIÉTÉ."

Au quotidien, le journalisme représente une forme d'hygiène de l'écrivain, pour reprendre un titre célèbre, dont je ne peux me passer. C'est une profession qui demande à rendre de la copie en permanence, qui permet de ne jamais passer un jour sans écrire. En tant que journalistes, nous avons toujours quelque chose à rendre, un édito, une préface, un article, un livre. Le plus dur, dans cette indispensable production quotidienne, a été de toujours trouver l'idée, mais l'exercice intellectuel est des plus intéressants. J'ai adoré la période durant laquelle j'avais à écrire deux éditos par semaine pour *Le Figaro*. Nous étions trois à nous occuper, à tour de rôle, d'une chronique humoristique en une. Tous les jours, il me fallait trouver un bon angle, faire en sorte que les mots sonnent et résonnent. Chaque idée était un diamant qu'il fallait sertir. J'aime cette quotidienneté de l'écriture. C'est peut-être la raison pour laquelle je tiens, depuis l'enfance, un journal intime, que je nourris de deux pages tous les soirs, avant de me coucher. Ces deux pages me permettent de faire le point, de parler des choses qui m'ont heurté et de celles qui m'ont émerveillé. Ces journaux intimes comptent déjà plus d'une centaine de volumes. On y trouve des choses qui ne sont d'aucun intérêt, bien sûr. Mais il y a aussi, parfois, des *verbatim* intéressants sur des rencontres avec des chefs d'État, des anecdotes autour de personnages influents. Il est amusant de retourner fouiller cet amas de mots et de tomber, au milieu de choses sans importance, sur un petit trésor.

"À CHAQUE FOIS, L'ÉCRITURE ROMANESQUE M'A OFFERT LE PAS DE CÔTÉ DONT J'AVAIS BESOIN."

Je ne pourrais parler d'écriture sans terminer sur le genre qui m'y a conduit, celui de la lettre et de l'échange épistolaire. Il ne passera jamais de mode. Élisabeth Badinter a récemment supervisé la parution des correspondances entre Isabelle de Bourbon-Parme et l'archiduchesse Marie-Christine. Je m'y suis plongé avec délectation, tout comme je me suis plongé dans la correspondance de Marie-Antoinette avec le comte de Fersen. Les écrits de ces personnes proches du pouvoir possèdent une force politique sans commune mesure; ils éclairent le contexte d'une époque. Les longs échanges possèdent un charme magique. Moi-même, lorsque je suis chez moi dans le Perche, je passe une heure par jour à rédiger des correspondances. J'ai sans doute été trop imprégné de toutes les grandes épistolières comme Madame de Sévigné, qui passaient leurs journées à échanger des lettres. Elles m'ont inspiré au point que je ne puisse plus me passer du plaisir d'écrire, à la main, quelques lettres aux personnes qui me sont proches. Rien ne peut remplacer, que ce soit dans les vœux d'anniversaire ou l'expression des deuils, le courrier que l'on s'écrit à la main. C'est le plus beau moyen qui soit pour laisser parler son cœur. Lorsque je reçois des lettres de deuil ou de félicitations, je peux répondre à une centaine de personnes à la main, écrivant un texte différent à chacun. Ce moment que l'on raconte, ces petits récits que l'on se partage, ce sont des photographies d'un instant de vie que l'on prend la peine de s'offrir.

"CHAQUE IDÉE ÉTAIT UN DIAMANT QU'IL FALLAIT SERTIR."

Je ne crois pas que l'humain perde un jour cette habitude du geste d'écriture. Il y a, dans celui-ci, quelque chose de si extraordinairement beau, de si extraordinairement sensible, qu'il me paraît impossible que l'on puisse s'en passer. L'écriture est une telle compagne d'évasion, de compréhension et d'expression de ses pensées les plus secrètes; comment croire qu'il puisse ne plus plaire? Même l'écriture sur ordinateur ne pourra jamais tout à fait remplacer la beauté de la phrase couchée sur une feuille. Il y a quelque chose

"JE NE CROIS PAS QUE L'HUMAIN PERDE UN JOUR CETTE HABITUDE DU GESTE D'ÉCRITURE."

de magique dans l'odeur de l'encre, la texture du papier, l'œil qui capte la lumière rebondissant sur les pages. Tout cela participe à un échange qui dépasse largement le seul plaisir de formuler quelques belles phrases, quelques bons mots. C'est pour cela que mes écrits les plus précieux ne sont pas mes romans ou mes livres d'Histoire, mais bien mes correspondances et mes journaux intimes. Ils représentent les fragments les plus honnêtes et les plus profonds de notre humanité.

RACHID SANTAKI

•

L'ÉCRITURE POUR SE LIBÉRER

Né en 1973, Rachid Santaki est un écrivain engagé. Il a publié une dizaine de romans policiers comme *Les Anges s'habillent en caillera* (Moisson Rouge, 2011), *Laisse pas traîner ton fils* (Filatures, 2020) ou plus récemment, *Anissa* (Filatures, 2023). Également scénariste, il est connu pour avoir créé et développé le concept de La Dictée géante.

L'ÉCRITURE POUR SE LIBÉRER

Durant dix années, j'ai sillonné la France pour lire des dictées. Durant dix années, j'ai lu des textes de Victor Hugo, Émile Zola, Alexandre Dumas. Durant dix années, j'ai découvert la puissance des mots, j'ai exploré des mots comme *immarcescible*, les adjectifs de couleur invariables, les compléments d'objet direct, des mots qui n'existent pas : *hippopotomonstrosesquipédaliophobie* ou bien *supercalifragilisticexpialidocious*.

Parmi ces nombreux moments dans des collectivités, dans des entreprises ou lors d'événements sportifs, un lieu m'a profondément marqué : la prison.

J'ai eu beaucoup d'émotions en détention. Tout a commencé en 2012 quand Laurence, la bibliothécaire de la maison d'arrêt de Strasbourg, m'a contacté. Les détenus empruntaient mes livres et l'anecdote de publics en détention m'a interpellé. Des détenus qui empruntent mes livres ? Sa réplique « on me vole du Santaki mais pas du Maupassant » m'avait fait sourire et m'avait donné envie de rencontrer ces lecteurs et lectrices.

J'ai donc pris le train pour passer plusieurs jours entre les murs de la prison. Les ateliers se déroulaient en trois temps. Un premier avec les mineurs. Un deuxième avec les femmes. Un troisième avec les hommes. Ce temps d'échange avec des personnes qui m'avaient lu en détention a été foisonnant, émouvant, et le début d'une belle aventure. C'est ainsi que j'ai tissé des liens avec cet établissement pénitentiaire : en animant, plusieurs jours par mois, des ateliers d'écriture, des jeux et des échanges. La lecture et l'écriture sont des moyens d'évasion mais aussi d'élévation intellectuelle.

C'est en évoquant le métier d'auteur et en le désacralisant que les publics ont été captivés. J'ai raconté mon histoire : issu d'un couple modeste, une mère caissière et un père manutentionnaire arrivé en France à la fin des années 1960. C'est mon père qui m'a transmis l'amour des mots en m'imposant de lui faire des dictées, et j'ai continué à utiliser l'écriture dans les situations douloureuses, telles que la mort de mon frère, ou comme moyen de raconter des histoires, ou bien d'organiser des dictées devenues populaires et fédératrices. L'écriture n'était pas l'aboutissement d'études de lettres, mais quelque chose de viscéral. Quelque chose qui m'a été imposé, mais grâce à quoi j'ai réalisé des projets. Le récit de mon parcours, ces anecdotes ont renforcé le lien avec les publics présents et ils m'ont témoigné leur considération, par des regards et par des mots.

"LA LECTURE ET L'ÉCRITURE SONT DES MOYENS D'ÉVASION MAIS AUSSI D'ÉLÉVATION INTELLECTUELLE."

Au quartier des femmes, nous écrivions des pièces de théâtre. À partir d'une discussion avec une détenue enceinte, un groupe d'une dizaine de femmes avait imaginé une pièce intitulée *Donner naissance, redonner espoir*. Cette femme, de moins de 30 ans, a évoqué sa grossesse en détention et son témoignage m'a pris aux tripes. Le bruit des portes en métal, des clés des surveillants, ce sentiment anxiogène. Pendant sa peine carcérale, elle écrivait des lettres à son enfant en tentant de la rassurer. Son témoignage démontrait la nécessité d'écrire. Elle nous lisait ces textes, intenses, bouleversants et poignants.

Avec les hommes, et notamment avec les mineurs, je proposais des lectures de livres ou l'écriture de nouvelles. Mais durant ces temps autour des mots, je n'avais qu'une hâte : proposer l'exercice de la dictée en détention et faire de ce moment, souvent redouté, un jeu.

Quelques mois plus tard, Laurence, la bibliothécaire, quittait la maison d'arrêt pour un autre service. Mais j'ai gardé le lien avec Laurent, un enseignant devenu le responsable de la zone scolaire de la maison d'arrêt de Strasbourg. Bientôt quadra, il fait partie des 589 enseignants de l'Éducation nationale spécialement affectés en milieu pénitentiaire. Avec le soutien de 1 089 vacataires, ces enseignants assurent la mission d'éducation auprès des personnes en détention pour en découdre avec l'illettrisme, leur apprendre la langue française, les remettre à niveau ou encore leur permettre de décrocher leurs diplômes. En côtoyant Laurent, le métier d'enseignant, que je considère comme le plus beau métier du monde, prenait tout son sens.

"L'ÉCRITURE N'ÉTAIT PAS L'ABOUTISSEMENT D'ÉTUDES DE LETTRES MAIS QUELQUE CHOSE DE VISCÉRAL."

Quand j'ai évoqué avec Laurent cette idée de dictée, il a tout de suite été emballé. Il a aussitôt mobilisé les équipes pédagogiques en interpellant tout le monde dans les couloirs, à la cantine et sur le parking pour faire la promotion de l'événement que nous allions organiser au sein de la prison. Après quelques semaines, le jour J arriva.

Le jour de la dictée, nous nous soumettons aux formalités administratives et franchissons les nombreuses portes métalliques de la maison d'arrêt. La dictée a lieu dans la salle polyvalente où se déroulent les activités comme les concerts ou les rencontres. Au bout de quelques minutes, les premiers candidats arrivent. Par mesure de sécurité, on ne mélange pas les différents quartiers de la maison d'arrêt. Ce sont d'abord les hommes qui pénètrent dans les lieux, puis les femmes, et enfin les mineurs. Je vois de nouveaux visages, d'autres qui me sont familiers parmi les détenus, mais aussi quelques surveillants venus se prêter au jeu par curiosité. Dans l'assemblée, il y a cette femme enceinte qui tenait à participer à la dictée. C'était un challenge mais aussi un temps de retrouvailles avec ses codétenues.

"ICI, LES MOTS PRENNENT TOUT LEUR SENS, ILS PERMETTENT DE PALIER LES MAUX DE L'ISOLEMENT."

Entre les murs de l'établissement pénitentiaire, le temps ne compte plus, on cherche à le tuer et cela passe parfois par le courrier que l'on écrit ou que l'on reçoit. Ici, les mots prennent tout leur sens, ils permettent de palier les maux de l'isolement. Ici, je pressens que la dictée va être un moment enchanté, coupé du monde. Ici, l'écriture se révèle vitale et les visages souriants des participants, leurs remerciements laissent déjà présager l'importance de ce moment.

Laurent a décidé de faire plancher les participants sur un passage du *Joueur d'échecs*, de Stefan Zweig. Le personnage principal de cette histoire, afin de supporter l'isolement qu'on lui impose pour le torturer, acquiert la capacité de dédoubler son esprit pour jouer aux échecs en imagination contre lui-même.

Avant d'entamer la première lecture, je dédramatise l'exercice : « Tout le monde fait des fautes. J'en fais encore plein aujourd'hui, alors que j'écris des livres. On est là pour s'amuser ! » Je rappelle les consignes et j'entends un « ouf » de soulagement quand j'annonce qu'il n'y aura pas de relevé de copies : chacun corrigera lui-même ses erreurs.

Je lis le texte une première fois. Un silence assourdissant retentit dans la salle. Les moins armés s'accrochent comme dans un combat de boxe et bravent l'impact des mots ; le jeu est de tenir jusqu'au bout. Les plus aguerris s'amusent et font couler l'encre avec la bonne orthographe. Parmi eux, la femme enceinte qui se prête au jeu et prend du plaisir à tendre l'oreille, à manier le stylo. Pendant ma lecture, je circule entre les tables et je souris aux participants et participantes, jouant le rôle du prof.

Quinze minutes plus tard, l'exercice se termine par la troisième lecture du texte. Les participants posent leurs stylos, le silence s'efface, les sourires apparaissent, les débats sont lancés. La pression est redescendue et la faute n'est pas dramatique. La correction, commentée par Laurent, est diffusée *via* un projecteur. Il rappelle quelques règles grammaticales et orthographiques et encourage les participants. Parmi eux, il y a des gens en apprentissage de la langue française. Certains jubilent d'avoir bien orthographié tel ou tel mot. Des rires, des regards complices… Ces gens isolés sont comme des gosses et nous remercient, et l'émotion nous redonne un plein d'énergie. Au-delà des réactions des participants, c'est le combat pour promouvoir l'écriture et le faire ensemble qui gagne du terrain et envahit les lieux.

"LES MOINS ARMÉS S'ACCROCHENT COMME DANS UN COMBAT DE BOXE ET BRAVENT L'IMPACT DES MOTS."

Pendant plusieurs années, j'ai eu l'occasion de réitérer l'exercice et, à chaque dictée entre les murs des pénitenciers, j'ai toujours retrouvé un souffle, un sens à mon travail autour des mots. Si l'écriture est un outil incroyable, émancipateur pour celui qui la pratique, elle galvanise aussi celui qui la transmet. Chaque échange, chaque atelier, chaque dictée sont différents et uniques, mais tous ces moments restent essentiels. En intervenant, j'ai découvert le parcours de certains détenus qui ont appris à lire et à écrire en prison et se retrouvent maintenant applaudis par leurs pairs. Le rapport à l'écrit est encore plus primordial quand on est enfermé. Je comprends que ces prisonniers qui grattent leur copie ne font pas qu'écrire : ils *survivent*. Dans leur cellule, bloqués entre quatre murs, condamnés à fixer le plafond, ils écrivent parce que c'est vital. Pour les demandes administratives, pour garder le contact avec les proches, pour s'évader ou prendre plus de recul.

"LE RAPPORT À L'ÉCRIT EST ENCORE PLUS PRIMORDIAL QUAND ON EST ENFERMÉ."

La particularité de l'écriture reste sa dimension thérapeutique. La résonance est viscérale. À chaque fois, l'émotion envahit l'assemblée et réchauffe les cœurs.

Et pour moi, cette démarche est un moyen de me reconnecter. À l'intérieur des murs, je fais des rencontres puissantes et inspirantes. Celle avec ce père qui me promet de venir faire la dictée de l'extérieur avec sa fille quand il sortira. Il a récemment appris à écrire et me montre une lettre de sa fille qui le félicite pour son premier courrier. Celle avec cet homme d'une cinquantaine d'années qui m'avait vu à la télé. Il avait dit à sa fille qu'un fou faisait des dictées dans les cités et que je devais être « bizarre » ! Ému, il me dit qu'il comprend maintenant ce que je transmets. Enfin, cette femme qui avait appris à lire et à écrire. Elle me lit, la gorge nouée, la première lettre pour son fils.

En maison d'arrêt, j'ai surtout rencontré des enseignants formidables. Comme Laurent, ils sont nombreux à « réparer » les élèves :

Senda à Porcheville, Emmanuelle à Beauvais… Ils les écoutent, prennent en compte leur fragilité, leurs blessures et leur proposent des activités pour les amener à l'écriture sans les bousculer. Ils ont des ressources pédagogiques infinies et douces. Avec ces âmes bienveillantes, les publics en détention se remettent au travail, font face à leurs lacunes et leur peur, se dépassent et se surprennent à user des mots, les maîtriser. Ils s'évadent à travers l'apprentissage, et souvent on assiste à des moments de joie et de réussite en fin d'année scolaire.

Des vies à écrire, des vies à décrire. Les mots manquent pour retranscrire cette magie, ces moments. Entre les murs, les publics en détention et les enseignants se rencontrent, et tous se rendent compte de l'importance des mots, de l'écriture.

OUAHYBAH

•

LES MOTS DE LA LIBERTÉ

L'association #STOPILLETTRISME intervient dans les entreprises pour favoriser l'inclusion sociale des salariés en situation d'illettrisme, d'analphabétisme ou d'illectronisme. Grâce à cette association, Ouahybah a pu suivre une formation professionnelle certifiante tout en bénéficiant, au sein de son entreprise Samsic, de l'accompagnement de Rofida et de Patricia, collaboratrices de Crédit Agricole Assurances.

LES MOTS DE LA LIBERTÉ

•

Pour les travailleurs et travailleuses immigrés, l'expression est un enjeu quotidien aux résonances insoupçonnées. Elle peut se révéler être un formidable outil d'inclusion, ouvrir les portes du monde du travail et permettre de gravir les échelons au sein de la société, ou bien, au contraire, dresser des barrières mentales aussi invisibles que difficiles à abattre. Un frein à l'intégration contre lequel se bat l'Agence nationale de lutte contre l'illettrisme auprès de travailleuses comme Ouahybah qui a pu bénéficier de ce programme grâce à l'action conjointe de son employeur Samsic, de Crédit Agricole Assurances, de l'organisme de formation Accentonic et de l'association #STOPILLETTRISME.

Arrivée en France en 2017 en provenance de sa ville natale d'Oujda, au Maroc, Ouahybah a rapidement trouvé du travail dans le secteur du nettoyage. Dès son arrivée en région parisienne, où elle rejoint son conjoint, Ouahybah cherche à s'intégrer et à apprendre le français. Les places sont chères et la travailleuse marocaine de 44 ans doit prendre son mal en patience. En 2020, trois ans après ses premières démarches, elle obtient une formation auprès de sa ville de Bondy, en Seine-Saint-Denis, qui lui enseigne les bases grammaticales orales et écrites du français, à raison de deux cours hebdomadaires de 19 heures à 21 heures. Mais son niveau de langue se heurte au rythme insensé du quotidien. Communiquer avec ses supérieurs, ses collègues et les employés de Crédit Agricole Assurances, où elle travaille, est pour elle parfois complexe.

"SON NIVEAU DE LANGUE SE HEURTE AU RYTHME INSENSÉ DU QUOTIDIEN."

C'est en 2021, lors d'un changement de prestataire, que le nouveau superviseur de Ouahybah prend conscience des difficultés que rencontrent les travailleurs à communiquer en français. Comprendre les nouvelles consignes et procédures demande un niveau difficile à acquérir lorsque l'on travaille bien avant l'aube. Les équipes de Crédit Agricole Assurances, qui ont déjà participé au programme de lutte contre l'illettrisme avec leur précédent prestataire, évoquent à leur tour l'idée de relancer l'initiative pour améliorer la communication quotidienne au sein des équipes de nettoyage. Samsic, nouvel employeur de Ouahybah, lui propose de suivre une formation complémentaire avec Accentonic, un organisme de formation qui, avec l'association #STOPILLETTRISME, accompagne les employés de Crédit Agricole dans la démarche de tutorat des personnels de ménage. Comme pour les cours du soir, le programme prend du retard à cause du Covid-19. En mars 2022, après des mois de mise en place, le tutorat débute enfin. Ouahybah, qui travaille déjà de 6 heures du matin à 14 heures de l'après-midi, doit aménager des plages horaires dédiées. Elle s'accroche et intègre à son agenda les cours du soir, la formation hebdomadaire avec Accentonic, ainsi que le tutorat, une heure par semaine, avec Rofida et Patricia.

Rofida et Patricia travaillent toutes les deux pour le Crédit Agricole ; elles se sont connues dans une branche régionale de leur entreprise, le Crédit Agricole Île-de-France. Elles décident de reformer un duo dans cet accompagnement. Après une première phase d'encadrement au sein de Crédit Agricole Assurances, pour expliquer les tâches basiques du tutorat, elles découvrent la liberté qui leur est conférée dans l'organisation de l'heure de tutorat, ainsi que la personnalité de Ouahybah. Leur complémentarité et leur confiance mutuelle leur permettent d'expérimenter avant de choisir la direction la plus opportune. Après plusieurs rendez-vous, elles décident de faire de cet échange un moment de partage et de convivialité. Les cours théoriques sont délaissés au profit d'échanges simples, autour de ses besoins quotidiens et des sujets essentiels pour elle. Plutôt que d'aller vers l'enseignement, Rofida et Patricia font le choix de l'accompagnement.

"PLUTÔT QUE D'ALLER VERS L'ENSEIGNEMENT, ROFIDA ET PATRICIA FONT LE CHOIX DE L'ACCOMPAGNEMENT."

Auprès d'elles, Ouahybah obtient ce qu'elle cherche : « des conseils pour la vie de tous les jours ». Travaillant déjà l'écrit à travers les cours prodigués par la ville de Bondy, elle souhaite avant tout parler pour travailler la confiance et tisser des liens en dehors du contexte professionnel mais aussi apprendre à réaliser ses formalités du quotidien seule. La langue froide des sites Internet entièrement en français, comme ceux des impôts ou de la banque, est difficile à appréhender pour elle. Ouahybah leur confie rencontrer des difficultés pour réaliser toutes ces démarches anodines de tous les jours. Aux côtés de ses deux tutrices, elle n'a de cesse de progresser. Elle se crée des comptes sur les sites fourmillant d'informations, apprend à prendre rendez-vous avec la préfecture, à envoyer des messages écrits pour toutes les questions qu'elle se pose ou encore à acheter ses billets d'avion lorsqu'elle souhaite aller voir sa famille, à Oujda. Le lien se tisse également en dehors des cours, avec des échanges quotidiens dans le cadre de leurs vacances, de leurs loisirs ou de leur vie de famille. Elles échangent quelques mots qui, à mesure que la formation a progressé, se sont changés en phrases, puis en petits textes. Ouahybah, qui n'a que très peu l'occasion d'écrire en français dans son quotidien, s'exprime plus facilement dans cette langue. De jour en jour, ces échanges lui permettent de prendre confiance dans sa capacité à communiquer au quotidien et à se sentir plus intégrée.

"CES ÉCHANGES LUI PERMETTENT DE PRENDRE CONFIANCE DANS SA CAPACITÉ À COMMUNIQUER."

Donner du temps, pour Rofida et Patricia, a été un choix personnel d'engagement, parfois au détriment des contraintes professionnelles. Les deux collègues ne veulent pas employer le terme d'« investissement », tant l'effort consenti leur a paru naturel, le plaisir pris à accompagner Ouahybah étant infiniment supérieur à la contrainte. Chacune a pu aider l'autre à s'adapter, que ce soit dans l'organisation, dans le choix des mots ou dans la vitesse d'élocution. Elles confessent également l'humilité que leur a apportée l'accompagnement de Ouahybah. Elles ont toutes les deux fait de ce volontariat un impératif dans leur agenda. Sacralisé, ce rendez-vous leur permet de se sentir utiles, tout en redonnant du sens à leur investissement quotidien dans l'entreprise.

Aujourd'hui, Ouahybah, Rofida, Patricia mesurent le chemin parcouru. La jeune femme de 44 ans, qui a réussi à dépasser les difficultés administratives que crée la barrière de la langue, est désormais beaucoup plus autonome dans ses démarches du quotidien. Sa maîtrise du français, aidée par la formation suivie, lui permet de communiquer directement avec ses supérieurs, sans interlocuteur, elle ose écrire des messages ou communiquer par écrit lorsqu'elle en a besoin. Avec, derrière, tout ce qu'il faut de vocabulaire, mais aussi de confiance, pour dialoguer en toute sérénité avec sa hiérarchie .De l'aveu de son chef de site Aissa, le dispositif de formation a également permis de casser les barrières entre les communautés de langue qui s'installent parfois spontanément entre les agents de propreté de l'entreprise Samsic. La pratique du français étant peu partagée au sein des équipes, celles-ci se forment par affinités linguistiques ; les locuteurs d'une langue se rapprochant naturellement des personnes avec qui il leur est aisé de s'exprimer. Aujourd'hui, ceux-là communiquent en français et tissent ainsi des liens grâce au tutorat suivi et à l'encouragement de leur chef d'équipe. Et puis, bien sûr, il y a ce lien créé entre les équipes de Crédit Agricole Assurances et celles de Samsic. Des petits échanges ordinaires, presque invisibles, qui rendent les journées plus agréables. Et il en est de même pour sa hiérarchie, qui salue vivement les progrès réalisés par les femmes de son équipe. Chose rare chez Samsic, un homme s'est lui aussi inscrit à la deuxième session à laquelle toutes les travailleuses déjà impliquées ont décidé de participer à nouveau. Ouahybah, elle, aux côtés de Rofida et Patricia, vise l'obtention du B1 : un diplôme qui lui permettrait de matérialiser tous les efforts consentis et tous les progrès réalisés. Mais le plus important demeure dans ce lien qu'elle a pu tisser, dans cette indépendance qu'elle a pu gagner, et dans cette confiance qui irradie chacun des mots qu'elle prononce dans une langue qui, jour après jour, se fait un peu plus sienne.

"SACRALISÉ, CE RENDEZ-VOUS LEUR PERMET DE SE SENTIR UTILES."

THOMAS CHESSMAN

•

FERVENCRE

Thomas Chessman est né dans les quartiers populaires de la Seyne. Pour échapper à la violence d'une enfance difficile, marquée par l'alcoolisme de sa mère, il se réfugie dans les mots pour trouver une échappatoire au quotidien. Il participe aux ateliers organisés par l'association Le Labo des histoires, qui lui permettent de perfectionner sa plume. Aujourd'hui jeune adulte épanoui, il cherche à faire prospérer son amour pour l'écriture.

FERVENCRE

•

Ô j'écris de ces lignes mon amour pour celles-ci,

Ces lignes qui tressent mes pensées pour que je déstresse, celles qui étaient là quand j'étais en détresse. Sans elles, pas d'ailes, pas de repères et pas de lumière.

L'écriture, ma muse,

J'aime parcourir ses surfines courbes d'encre entre ces si fines lignes, si jolie que mon cœur y trouve l'amnistie. Elle était la seule qui, quand moi-même l'étais, me comprenait dans mon malheur, lové dans ces sinuosités qui me faisaient rêver d'un avenir meilleur.

Quand j'étais las dans ce monde plein de malice, c'est grâce à ces lignes que je ne suis pas tombé dans le vice, ces lignes viscérales que je crachais, c'est grâce à elles que j'échappais à ces coups de ceinture réguliers, c'est grâce à elles que je suis resté centré, la seule thérapie que je connaisse.

De ce pouvoir éthéré, elle me permet de prospérer dans ce monde étriqué, tout en m'ouvrant les portes d'un paradis imaginaire.

Une goutte puis deux m'interrompent, et faire remonter ces émotions enfouies me bouleverse. Je lève mon stylo et mes pensées, j'ai assez pansé mes plaies à déballer des souvenirs passés.

Je contemple une dernière fois ces lignes.

Elles me plaisent, je me complais au-dessus de cette feuille, vide encore il y a peu mais grâce à l'encre elle prend vie.

Toute cette énergie investie me procure un plaisir sans mesure, une aubaine pour moi.

Trop égoïste si je le gardais, je me dois de le crier sur les toits.

Je me lève, me retourne et pars mais cet éden derrière moi me rappelle. J'ai peur de me lasser, mais je prends le risque et me rassieds. Je replonge dans ce monde sans peur ni gêne, dans cette encre qui me complète tant et puis...

Ô je crie de ces lignes mon amour pour celles-ci.

VALERIA
MILEWSKI

•

ÉCRIRE AVANT DE MOURIR

Valéria Milewski a initié en France et à l'étranger la démarche de la biographie hospitalière, auprès de personnes gravement malades, dès 2007. Son idée était de proposer à des personnes en situation palliative de raconter leur histoire à un biographe faisant partie intégrante du service médical et de recevoir gracieusement, eux-mêmes ou un proche désigné, le livre de leur vie.
Elle est également docteure en sciences du langage, conférencière, formatrice, chargée de cours à l'université et directrice générale de l'association Passeur de mots et d'histoires.

ÉCRIRE AVANT DE MOURIR

•

C'est étrange la Vie. Oui, j'aimais les gens,

Les histoires,

Écouter et écrire,

Depuis longtemps, très longtemps.

Je me souviens d'une de mes professeures de français qui au collège avait convoqué ma mère pour lui dire que je devais écrire, qu'elle devait me soutenir et que ce livre sur l'égoïsme (du moins, celui que j'avais en tête !) devait voir le jour.

J'ai gardé l'idée mais je ne m'y suis jamais confrontée.

Et puis, un accident m'attrape une fin d'après-midi par le dos. Assez grave pour rester alitée une année.

Que fait une ado lorsqu'elle ne peut ni se lever ni bouger, à une époque où le Net n'existe pas encore, ou peut-être seulement dans la tête d'un génie ? Elle lit.

Je me jette sur tout ce qui me tombe sous la main : Confucius, Vignaud, Louise de Vilmorin, *Astérix*, le *Nous Deux* de mamie Jeanne, le *Tao-te-king*... et beaucoup de bonbons que ma mère nous rapportait chaque semaine d'une petite boutique juste en face de chez sa coiffeuse.

Moments bénis. Des paysages, des histoires, des vies, des temps, des langues. Un univers sans fin. Des découvertes à donner le tournis. Et puis…

le vide.

Un espace gigantesque où je décide de laisser le vent me pousser là où bon lui semble. J'aligne donc les études, les amours, les jobs, les enfants et puis,

Et puis,

Le retour des mots.

De mes mots.

Pour le Théâtre.

Pour le papa de ma fille.

Jusqu'à un matin ou plutôt une nuit. J'ai 37 ans et je ne travaille plus au Muséum national d'histoire naturelle, à Paris. Exit les squelettes, les minéraux, les déambulations, le cèdre du Liban plus vieux que mes ancêtres en France…

Pour la première fois, je fais une pause et je scrute au fond de moi ce qui m'anime vraiment, ce que j'aime, si simplement.

« Les gens, les histoires, écrire et écouter. »

Quatre petits mots qui vont changer ma vie et celle de beaucoup d'autres mais je ne le sais pas encore.

Juste en écrivant, un soir, ces quatre mots sur un bout de papier, je n'imagine pas un seul instant qu'une surprise a réussi à se glisser à l'intérieur de moi, comme un petit message dans une papillote de Noël, et c'est pourtant dans ce cœur fondant que mon futur métier va voir le jour. Celui qui allait m'animer jusqu'au bout de mes cellules, même vingt ans plus

"JE ME JETTE SUR TOUT CE QUI ME TOMBE SOUS LA MAIN."

tard, et avoir des répercussions sur des milliers d'individus pour les apaiser avant leur mort.

Dis comme ça, c'est étrange et pourtant... C'est un peu comme une baguette magique ou le creuset d'un alchimiste : au petit matin est apparue tout étincelante, toute belle, immaculée : « la biographie hospitalière ».

Le voici mon métier des mots de l'autre, des mots avant de mourir.

"QUATRE PETITS MOTS QUI VONT CHANGER MA VIE ET CELLE DE BEAUCOUP D'AUTRES."

Proposer à la personne gravement malade, jeune, vieille, lorsqu'elle est à l'hôpital ou à son domicile de raconter ce dont elle a envie, de son histoire et de recevoir un très beau livre, le livre de sa vie.

Nous sommes en avril 2007. J'ai un café devant moi, nous sommes sept, huit. Je suis en fait entourée de blouses blanches dans le service de cancérologie de l'hôpital de Chartres. Je viens leur présenter, depuis les Ardennes où je vis, mon idée. Je sais que je n'ai que très peu de temps, ils ont l'air épuisé mais m'accueillent avec un sourire et déjà je sens que je suis bien auprès d'eux.

« Se délester, tisser un fil à soi, se remettre droit, laisser un témoignage, transmettre, exister, espérer, se raconter et recevoir, soi-même ou un autre désigné, son histoire sous forme d'un très beau livre d'art, car la vie est une œuvre, tu vas faire œuvre de ta vie... Tu es unique, ta vie est unique donc exceptionnelle... »

Voilà ce que je m'entends dire.

Le silence a été rompu par les crissements d'une chaise sur le sol. C'est la cheffe de service. Elle regarde ses collègues, a vu, a compris.

« Nous vous attendons en septembre. Votre projet est une évidence, une nécessité même. Nous n'avons pas d'argent pour vous payer mais nous allons en trouver. Faites-moi passer vos conditions par mail. »

Alignement des étoiles. Et presque seize ans plus tard, l'étoile brille toujours pour que je ne m'égare pas et pour que le chemin soit le plus éclairé et éclairant possible.

Pourtant, c'est drôle, et parfois aussi troublant, de se dire que l'on écrit à la place de l'autre. Que je n'écris pas mes mots, mes phrases, ma mélodie mais que l'exigence, et celle des personnes que je forme pour être à leur tour biographes hospitaliers, est de tenir parole et de rendre parole. Il n'y a pas un mot que je n'aurais pas entendu qui réussirait à s'infiltrer dans le récit.

"L'EXIGENCE EST DE TENIR PAROLE ET DE RENDRE PAROLE."

Être loyale, fidèle, humble et sincère, pour que le destinataire, Paul 12 ans, Joe un fils de 40 ans ou Françoise une maman de 65 ans se dise « quand je le lis, il est là », alors que leur papa, leur fils a déjà quitté cette terre depuis un an, deux ans, voire beaucoup plus. Elle est là aussi l'aventure de l'écriture. Dans ces interstices, dans les silences, dans ce que l'on ne dit pas ou ce que l'on réinvente.

Et voilà.

Je vous le livre, le secret.

Le joyau.

L'incroyable et le plus fabuleux du fabuleux : permettre à celui qui va mourir et qui est devant son vertige annoncé, non seulement de guérir de l'envie de mourir, mais de se reconfigurer, de se recoudre de fils d'or, de se remémorer et, en convoquant ses souvenirs, de se réinventer.

Parce que celui qui se raconte n'est pas le même que celui qui a vécu.

Est-il possible d'être à la fois juge et partie ? D'être soi-même comme un autre ? Chaque souvenir n'est que souvenir, et il se transforme au fur et à mesure de la vie.

Nous sommes, chacun, en permanence dans notre propre roman. Nous sommes quotidiennement dans nos illusions, dans nos vérités subjectives. Et la mémoire, elle, est un animal rusé et facétieux.

« NOUS SOMMES, CHACUN, EN PERMANENCE DANS NOTRE PROPRE ROMAN. »

Nous créons minute après minute notre réalité, et quoi de plus enchanteur que de proposer à celui qui va bientôt mourir de se raconter en transmettant la plus belle version de qui il est ?

Écrire les mots de l'autre, écrire une histoire parmi tant d'autres possibles, favoriser le passage du chaos de la maladie grave à quelque chose d'organisé avec simplement deux oreilles, un cahier, un stylo, est un enchantement sans fin.

Et l'écriture n'a jamais de fin.

Un jour, j'ai mis un point final à l'autobiographie d'un monsieur, appelons-le Jacques, qui était hospitalisé dans notre service, puis je lui ai remis son livre.

Je le vois encore le tenir fébrilement dans le creux de sa main, être si ému, si heureux et de me dire qu'il est étrange d'avoir sa vie dans le creux de sa main et que cette histoire est passionnante comme s'il se redécouvrait. Mais quelques semaines plus tard, pendant notre réunion hebdomadaire, une collègue infirmière annonce que monsieur Jacques est aux urgences et qu'il ne va pas bien du tout, sa brosse à dents dans la main droite et son livre dans la gauche.

J'ai un trouble,

Une intuition.

Je descends le voir, m'assieds à ses côtés et lui demande ce qui se passe :

« Il y a un point final à mon livre, Valéria. »

Il me regarde. Ses yeux bleus sont las, ronds et fatigués.

Et je comprends.

Je comprends et le ciel me tombe avec fracas sur la tête.

Sonnée, groggy, je remonte dans le service :

« J'ai vu monsieur Jacques et… je vais vous quitter. Ce n'est pas grave. Parfois on a des idées, des évidences comme ça et puis finalement, quand on les expérimente, ce n'est pas ce à quoi on s'attendait. Monsieur Jacques est le premier à recevoir son livre de son vivant et… parce qu'il y a un point final, en fait, il ne s'autorise plus à vivre. Il ne comprend pas pourquoi il est toujours là, vivant… »

"J'AVAIS IMAGINÉ, SOUHAITÉ QUE LE LIVRE SERAIT UNE FENÊTRE OUVERTE SUR L'ESPÉRANCE."

Grand silence.

Chacun sait que je ne plaisante pas.

Je suis si triste.

« J'avais imaginé, souhaité que le livre serait une fenêtre ouverte sur l'espérance, que les personnes biographées se remettraient droit et sauraient combien leur vie est unique, mais… ça ne s'est pas passé comme ça… Alors, je vous remercie de votre accueil, des tours de tracteur à 2 euros pour trouver un peu d'argent, des nuits sans sommeil pour répondre aux appels à projets, mais l'idée n'était pas la bonne, excusez-moi. »

Il nous a fallu un très long moment pour trouver ensemble ce qui allait donner toute la force et la portée au livre des futurs biographés : les pages blanches.

Grâce à monsieur Jacques, chaque livre après lui s'est vu complété d'une vingtaine de pages blanches pour qu'Annabelle dessine son papa et sa maman, que Florian envoie le livre de sa petite Maman aux quatre coins du monde pour que les amis qui l'ont aimée continuent d'écrire son histoire ou bien que ces pages blanches restent vierges et restituent ainsi l'énigme du sujet.

Voilà pourquoi il n'y a jamais de fin à l'écriture, même pour ceux qui vont mourir.

Et puis lorsque j'entends « lorsque je le lis, il est là », et que les mots écrits deviennent comme un câlin d'une maman à son fils, comme un lien, un espace entre celui qui reste et celui qui n'est plus, je reconnais, à ce moment-là, la magie des mots, la magie de ce que nous ignorons et de ce qui se passe dans toutes ces métamorphoses et ces rencontres.

Alors mes amis,

La vie est une vraie danse, ne restons pas dans la salle d'attente !

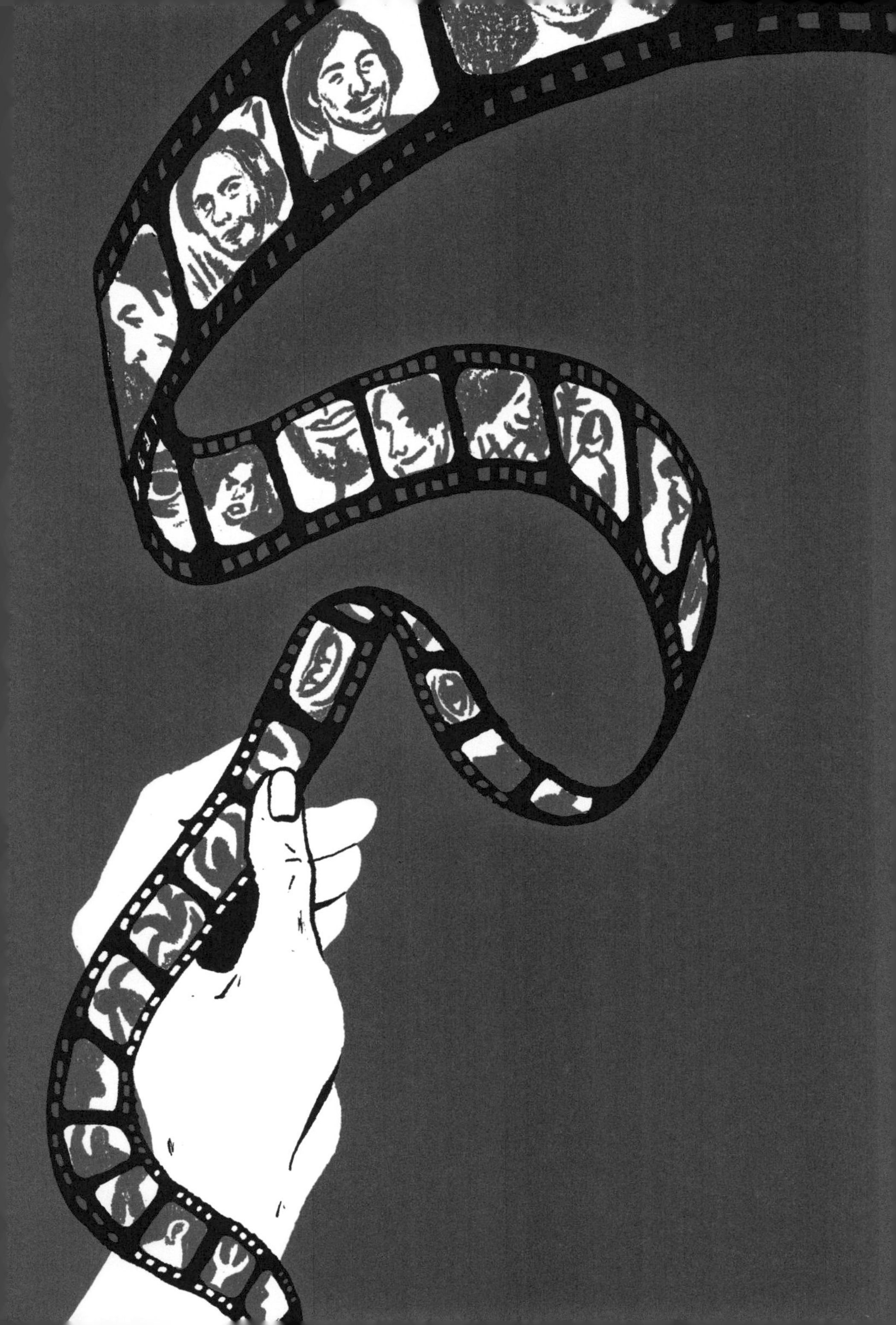

EMMANUEL MOURET

•

LA MÉCANIQUE DU RÉCIT

Emmanuel Mouret est scénariste, réalisateur et comédien. Il écrit et réalise son premier long métrage en 2000, *Laissons Lucie faire !*, dans lequel il dirige Marie Gillain. Depuis, 11 films ont jalonné son parcours dont les plus remarqués sont probablement *Changement d'adresse* (2006), *L'Art d'aimer* (2011), *Caprice* (2015), *Mademoiselle de Joncquières* (2018), *Les choses qu'on dit, les choses qu'on fait* (2020) et *Chronique d'une liaison passagère* (2022). Ses deux passions dans la vie sont le cinéma et l'amour. Prise après prise, ses films déroulent le fil des sentiments amoureux. Avec une attention d'orfèvre portée à la construction dramatique, en laissant un cadre mouvant où ses comédiens auront le loisir de mettre une dernière touche à son écriture.

LA MÉCANIQUE DU RÉCIT

•

L'écriture d'un scénario, ce n'est pas véritablement une écriture littéraire. Ce n'est pas le style qui importe. C'est une écriture simple, c'est la mécanique dans laquelle les actions doivent s'enchaîner qui l'emporte. La construction dramatique du film, l'agencement des événements, des différents morceaux de l'histoire et la création d'une partie des dialogues constituent l'essentiel de l'écriture. À mes débuts, le mot « écriture » me faisait peur, cela présupposait un talent dont je me sentais, et me sens encore, dépourvu, celui de choisir des mots, celui de faire de la poésie avec eux, de la musique.

Assez vite, en découvrant le monde du cinéma, j'ai constaté que, si je voulais faire des films, je ne pouvais pas faire l'impasse sur l'écriture du scénario. J'ai eu envie de faire des films très tôt. Je n'avais pas vraiment le goût ni de la lecture ni de l'écriture, c'est même pour cela que j'aimais le cinéma. Je n'étais pas issu d'un milieu littéraire, j'ai suivi des études scientifiques et j'ai commencé à lire en classe de seconde, surtout des essais et de la poésie. J'écrivais un peu de poésie et des chansons jusqu'à mes 20 ans. C'est plus l'idée de mettre en scène les films qui m'attirait, je n'avais pas du tout en tête de les écrire. Mais j'ai rapidement découvert que dans le milieu du cinéma, les réalisateurs eux-mêmes étaient coauteurs ou auteurs des scénarios. La plupart du temps, pour être à l'initiative d'un film, avant même qu'il ne soit financé, il faut proposer un scénario. Et si on n'a pas la chance d'avoir rencontré un coscénariste avec qui il y a une profonde entente, il faut s'y atteler soi-même. Je m'étais également aperçu que les étudiants qui avaient fait une école de cinéma en scénario faisaient plus facilement des films après leurs études que ceux qui avaient suivi le cursus en réalisation.

"SI JE VOULAIS FAIRE DES FILMS, JE NE POUVAIS PAS FAIRE L'IMPASSE SUR L'ÉCRITURE DU SCÉNARIO."

Après mon bac, j'ai eu la chance d'obtenir une subvention de la part de la région dans laquelle j'habitais afin de réaliser un court-métrage. J'en avais déjà réalisé quelques-uns, très courts et avec un caméscope que l'on m'avait prêté. Cette première expérience cinématographique s'est révélée catastrophique pour moi ! Je me suis aperçu que mon scénario ne tenait pas debout et que je ne savais pas comment diriger les comédiens. Cela faisait des années que je rêvais d'être réalisateur, et cette expérience a été un traumatisme : je m'apercevais que j'avais encore un long chemin à parcourir avant de devenir le réalisateur que je rêvais d'être. J'ai pris la décision d'apprendre la direction d'acteurs, en intégrant un conservatoire, et de m'initier à l'écriture d'un scénario, tout seul, à l'aide de manuels américains principalement. Il n'existait pas réellement d'écoles de scénarios et j'avais, avec une grande candeur, donné beaucoup d'importance aux paroles de Godard lorsqu'il disait que « seuls les Américains savent raconter des histoires ». Je m'exerçais à écrire, j'assistais en tant qu'auditeur libre à des cours de scénarios dispensés par la fac et je regardais beaucoup de films. Les connaissances que m'ont apportées ces manuels m'ont permis de comprendre la construction et d'analyser une grande partie des films dits *mainstream*. Cela a donné à l'élève moyen que j'étais, qui avait le sentiment de n'avoir aucune légitimité à écrire, un peu de confiance. Après quatre ans à apprendre en autodidacte, je suis entré à la Fémis (École nationale supérieure des métiers de l'image et du son), en réalisation. Alors que je me sentais un peu plus à l'aise dans l'écriture de scénarios, j'avais beaucoup de mal avec les dialogues, et avec ce que certains appellent la « caractérisation des personnages », tout cela restait difficile pour moi. Je me sentais totalement incapable parce que j'estimais n'avoir aucun talent d'observateur. Certaines personnes sont très douées pour observer, pour caricaturer et pour restituer ce qu'elles ont vu. Ce n'était pas mon cas, j'étais incapable de faire parler une femme, une personne d'une autre condition sociale, ou quelqu'un de plus âgé. Cela m'a terrorisé pendant longtemps. Je désirais profondément écrire des films, mais ce que j'écrivais me semblait forcé. J'ai d'ailleurs longtemps eu l'impression que j'étais quelqu'un qui ne savait pas parler : j'avais du mal à trouver mes mots, je balbutiais. Déjà adolescent, j'étais impressionné lorsque je voyais d'autres jeunes s'exprimer à la télévision de façon fluide, je me demandais comment ils trouvaient leurs mots. Maintenant que je suis adulte, j'éprouve toujours ce même sentiment.

"JE DÉSIRAIS PROFONDÉMENT ÉCRIRE DES FILMS, MAIS CE QUE J'ÉCRIVAIS ME SEMBLAIT FORCÉ."

C'est à la fois grâce au cinéma et grâce au théâtre que j'ai pu dépasser ce blocage. Je n'allais pas nécessairement au théâtre, mais les cours d'art dramatique que je suivais exigeaient la lecture de théâtre classique. Et dans les pièces des auteurs que j'appréciais, comme celles de Marivaux ou de Racine, je remarquais que les personnages avaient, certes, des différences dans leurs caractères et leurs conduites, mais qu'ils s'exprimaient à travers une même langue, une langue qui était au fond celle de l'auteur.

Un jour où j'étais incapable de faire parler les personnages de mon scénario, j'ai pris la décision de me mettre dans leur peau et de les faire parler comme je le ferais. Ils utiliseraient mes propres mots, mes propres embarras, ma propre façon de ne pas savoir parler. Je me suis dit que ce serait intéressant d'avoir des personnages qui tournent autour de leurs mots, même si dans le fond je n'avais pas le choix de m'y prendre autrement ! C'est ainsi que j'ai réussi à écrire des dialogues et, surtout, que j'y ai pris du plaisir.

"JE ME SUIS DIT QUE CE SERAIT INTÉRESSANT D'AVOIR DES PERSONNAGES QUI TOURNENT AUTOUR DE LEURS MOTS."

Dans la création d'un scénario, écrire consiste avant tout à construire la mécanique d'un récit, c'est-à-dire à choisir des moments, créer une tension dramatique, un suspense. Le ton et l'esprit relèvent en grande partie de ces décisions. D'emblée, ce jeu de composition dramatique, l'effet du choix des moments, était quelque chose qui me parlait davantage que le choix des mots. J'ai peut-être décidé de ne pas trop les choisir, de ne pas tenter d'écrire joliment, mais plutôt d'écrire tous les mots qui me venaient à l'esprit, surtout pour les dialogues. Cela leur confère, me semble-t-il, beaucoup de spontanéité. Je passe beaucoup de temps à élaborer la mécanique narrative et j'essaie d'écrire très vite les dialogues. Je me suis alors rendu compte que le fait d'écrire mes dialogues rapidement, comme si c'était moi qui parlais, permettait d'apporter une certaine fraîcheur au film. Que l'hésitation, les mots trouvés à tâtons – et donc ce tâtonnement des personnages – pouvaient participer au plaisir que prennent les comédiens à jouer et les spectateurs à regarder. À ma grande surprise, cela a fonctionné la première fois que j'ai tenté cette pratique. J'ai trouvé extrêmement ludique que les comédiens suivent le dialogue que j'avais écrit, en ajoutant leur propre vérité dans le jeu. L'une des parties les plus plaisantes, voire magiques, c'est le moment où nous avons trouvé les bons comédiens. Les mots de mon scénario, qui proviennent de ma propre personne et de ma fantaisie, se mêlent non seulement à l'intimité des acteurs, mais également à leur chair. Les mots prennent corps à travers eux. C'est assez surprenant de voir une création incarnée par une autre chair que celle qui l'a produite. J'ai l'immense chance de travailler avec des comédiens talentueux qui portent souvent mon texte au-delà de ce que j'aurais pu imaginer.

Un conseil revenait souvent dans les manuels que je consultais à l'époque où j'étais étudiant, celui de faire dire le plus de choses possible aux personnages avec le moins de mots possible. Je trouvais cela ridicule, d'autant plus que les auteurs que j'aimais étaient plutôt loquaces et volubiles, et les personnes que j'aimais côtoyer, très bavardes. J'ai donc pris le parti de faire exactement le contraire : de faire dire le moins de choses possible avec le plus de mots possible.

> "FAIRE DIRE LE MOINS DE CHOSES POSSIBLE AVEC LE PLUS DE MOTS POSSIBLE."

Mes expériences m'ont permis d'affirmer mon goût pour le dialogue. Réaliser le film *Mademoiselle de Joncquières* m'a d'ailleurs beaucoup aidé. C'est un film que nous avons eu beaucoup de mal à financer en raison des nombreux costumes et des décors somptueux qu'il exigeait. C'est également un film avec beaucoup de dialogues, de surcroît avec un langage sophistiqué, un peu précieux. J'avais pris énormément de plaisir à développer les dialogues de ces personnages pleins d'esprit, mais j'étais persuadé que le film n'allait pas plaire. Finalement, avec 600 000 entrées, c'est mon film qui a le mieux marché ! Je vois cela comme une leçon qui m'a permis de davantage m'autoriser à faire s'exprimer les personnages, car lorsque je prends du plaisir à écrire, cela se ressent et les spectateurs prennent plaisir à regarder mes films. La construction d'un film est un long chemin, avec plusieurs étapes. Pour moi, tout commence par le goût d'une situation, avec le plaisir de partir d'une situation et d'en développer une autre. Cette première idée amène une phase de réflexion, accompagnée d'une prise de notes, de la création d'un plan et l'écriture de morceaux de dialogues.

Je commence à rédiger un film à partir du moment où je connais la fin. C'est très facile de trouver un début incroyable, un milieu incroyable, le plus difficile c'est de trouver la fin incroyable. À mes débuts, je commençais la rédaction beaucoup plus tôt dans le processus, et il m'est arrivé plusieurs fois d'abandonner un scénario au milieu de son écriture, car j'étais incapable de trouver la fin de mon histoire. Je dirais que la phase d'écriture du scénario consiste en des allers et retours incessants entre développer ses idées, ses situations et tenter de les synthétiser pour avoir une vue d'ensemble. Quoi qu'on en dise, l'écriture est un processus très long. Simplement, avec le temps, on a planté plusieurs graines de projets de scénarios, cela pousse à son rythme, mais il faut régulièrement les arroser de notre attention, et puis soudain l'un de ces projets va se mettre à pousser. Ça peut sembler rapide vu de l'extérieur, mais en réalité cela a été une longue maturation. Comme ce journaliste qui dit à Picasso : « Mais vous avez peint ce tableau en deux heures !
— Non, répondait Picasso, il m'a fallu quarante ans. »

Lorsque je parviens à une première version relativement aboutie, je sais que ce ne sera pas la dernière, loin de là. Je la soumets à mon producteur et ensuite elle suit le parcours de tout scénario, passant entre les mains des commissions, des distributeurs, des chaînes de télévision, des comédiens... On intègre mille petits changements, puis le tournage débute, et là encore on retouche : on réduit des scènes, on en étend d'autres. Un scénario évolue tout le temps et je sais qu'il y aura au moins une vingtaine de versions différentes, avec des ajustements plus ou moins importants au fil du temps.

L'écriture est une succession de petites étapes, de petits gestes qui au fur et à mesure se superposent pour créer un scénario. Il s'agit pour moi avant tout de bricolage, de trouver des idées pour résoudre des problèmes, tenter, reprendre, attendre une nouvelle idée, un nouveau point de vue. Il s'agit également de faire avec ce que l'on est, ce que l'on peut, à l'aune de notre expérience. Par exemple, dans mes scénarios, les didascalies sont très sommaires, avec uniquement ce qui est nécessaire à l'action principale parce que j'estime qu'il y a plein de détails sur les décors et les comédiens que l'on ne peut pas toujours anticiper. Parfois, à cause d'un manque de budget, on ne pourra pas avoir des murs bleu et jaune et parfois on trouvera, au fil des rencontres avec les comédiens et des repérages, de nouvelles idées. Les comédiens ont d'ailleurs souvent de très bonnes idées à proposer. C'est également la raison pour laquelle je n'écris plus en pensant qu'un certain acteur serait parfait dans un rôle. Dans un film, il y a souvent plusieurs rôles et je ne peux pas me permettre de faire reposer un film sur la présence d'un acteur en particulier. Il y a des moments où je peux paraître très précis, comme

"IL S'AGIT POUR MOI AVANT TOUT DE BRICOLAGE, DE TROUVER DES IDÉES POUR RÉSOUDRE DES PROBLÈMES."

dans le placement et les déplacements des comédiens dans le cadre. Il y a mille et une façons de faire des films, et certains nécessitent des prises de vues avec des plans très complexes et donc des placements complexes. Après, malgré cette précision, il reste toujours une place pour l'improvisation dans les choses plus infimes, celles qui échappent aux comédiens et à moi-même… et qui ne sont pas les moins importantes.

Cela peut paraître étonnant mais durant le processus d'écriture ou à la lecture d'un scénario, je ne visualise pas le film. D'abord parce qu'un film contient tellement d'éléments – des visages, du son, de la musique, des paroles – que ce serait impossible de tout visualiser. Mais également parce que la lecture d'un scénario inspire des projections différentes selon le lecteur, donc aussi de tous les talents qui participent à la fabrication du film. C'est la compréhension de l'action qui est réellement importante au moment du scénario, et c'est pour cette raison que je concentre mon écriture sur les actions principales et les dialogues. Il ne faut pas oublier que les dialogues sont des sortes d'« actions orales » comme menacer quelqu'un ou lui exprimer du désir.

"L'ÉCRITURE DU FILM NE S'ARRÊTE PAS AU SCÉNARIO."

Je pense aussi qu'il est très important de distinguer l'écriture du scénario de l'écriture du film. L'écriture du film ne s'arrête pas au scénario, elle se poursuit à chaque étape de la fabrication : scénario, choix des comédiens et des décors, découpage, tournage, montage, mixage…

Le temps et l'expérience ne m'ont pas vraiment permis d'être plus à l'aise avec l'écriture du scénario, mais aujourd'hui je suis conscient que j'ai un entourage bienveillant qui m'accompagne. Je suis peut-être plus confiant dans l'écriture, mais au fond toujours inquiet de savoir si cela va plaire ou déplaire, car le scénario est une sorte de passeport pour réunir des talents et des financements. Je suis inquiet aussi lorsqu'un scénario plaît, car je sais qu'il n'a pas grand-chose à voir avec le film qui en naîtra : c'est un peu comme une pièce au théâtre qui peut être mise en scène de mille façons.

Aujourd'hui, je suis scénariste sur la majorité de mes films. J'avais adapté Diderot dans *Mademoiselle de Joncquières*, sorti en 2018, c'était une adaptation très libre pour laquelle j'étais le seul à écrire le scénario. Pour mon dernier film, *Chronique d'une liaison passagère*, en 2022, j'ai adapté une ébauche de scénario et nous sommes deux à avoir été crédités. Et pour mon prochain film, j'ai travaillé avec une coscénariste pour la première fois.

Finalement, je dirais que je suis allé à l'écriture avec beaucoup de complexes et, pour m'en libérer, j'ai essayé de trouver des méthodes très simples et pratiques. J'ai trouvé une voie en utilisant mes propres mots, mes propres hésitations… et ce sont finalement mes faiblesses qui m'ont permis de me façonner un style qu'on dit à part.

LAURA EL MAKKI

•

LE LANGAGE DE L'INFINI

Laura El Makki est l'auteure de plusieurs biographies : *Henry David Thoreau* (Gallimard, 2014), *H. G. Wells* (Gallimard, 2016), *Les Sœurs Brontë. La force d'exister* (Tallandier, 2017). Elle a notamment produit les séries littéraires *Un été avec Proust* (2013) et *Un été avec Victor Hugo* (2015) sur France Inter, devenues une collection à succès aux Éditions des Équateurs. Elle est aussi scénariste de podcasts et de séries et vient de signer son premier roman, *Combien de lunes* (Les Escales, 2023).

LE LANGAGE DE L'INFINI

•

Je ne sais pas ce que je serais devenue sans l'écriture. Le seul fait d'y penser me terrifie. C'est comme imaginer ma vie sans les personnes que j'aime. L'uchronie m'a toujours amusée tant qu'elle ne me concernait pas.

Le plus étrange, c'est que les mots, au début, m'intéressaient peu. J'étais très bonne élève, incollable en grammaire, imbattable en dictée, mais seuls les hiéroglyphes, beaux, impénétrables, avaient ma faveur. Je passais des heures à les recopier et les apprendre plutôt qu'à réviser mes tableaux de conjugaison pour l'école. Au Louvre, je me glorifiais de pouvoir interpréter les sarcophages et me projetais déjà en short à poches et chapeau safari en Égypte. Une autre pierre de Rosette m'attendait quelque part. Champollion, c'était moi.

J'ai longtemps cherché un langage similaire. Des signes qui seraient les miens et pas ceux des autres. Je ne comprenais pas comment les vingt-six lettres de l'alphabet latin pouvaient suffire, surtout si tout le monde les utilisait. Je n'imaginais pas encore l'infinité des combinaisons possibles. Je me refusais d'ailleurs à réfléchir à l'infini tout court. Mon père avait bien essayé de m'expliquer le principe – on était une poussière d'étoile dans un univers immense qui ne finissait jamais –, et je n'avais pas pu dormir pendant trois jours.

Et puis j'ai compris.

J'ai compris qu'aucune phrase, aucune histoire, aucun livre ne se ressemblait. Que chaque auteur créait non seulement son univers, mais son langage, et que je pouvais faire la même chose. Je dois cette découverte à un abonnement souscrit à L'École des loisirs, qui m'envoyait chaque semaine un livre dans ma boîte aux lettres, et au temps passé à la bibliothèque municipale de mon quartier – qu'on disait populaire et que j'aimais plus que tout. C'était le grand avantage des années 1990, encore dépourvues de ce qui dévore aujourd'hui mon temps. Sans ordinateur, sans téléphone portable et surtout sans Internet, je n'avais qu'une chose à faire. Lire.

"DES SIGNES QUI SERAIENT LES MIENS ET PAS CEUX DES AUTRES."

C'est donc l'écriture des autres qui a d'abord changé ma vie.

Il n'y a que des romancières qui me viennent en tête. Les hommes viendront plus tard, échappés d'un XIXe siècle labyrinthique, principalement d'Angleterre et de Russie.

Des femmes, donc.

Louisa May Alcott est la première, la fondamentale. C'est elle qui m'a réconciliée avec l'idée de famille et convaincue qu'écrivain pouvait être un métier – parmi les quatre filles March, j'ai évidemment voulu être Jo qui part, manuscrit sous le bras, tenter sa chance à New York.

Fondamentale aussi : Marie-Aude Murail, et son inoubliable *Oh, boy !* L'incertitude était donc la norme et la vie, une aventure.

Judy Blume, enfin. Il m'a fallu des années pour comprendre qu'elle était parvenue dans ses livres à faire l'impossible: définir l'amitié, et même l'amour.

Ces trois-là, d'autres peut-être, m'ont mis un stylo dans la main. Je dis souvent, à qui me demande ce qu'il faut faire pour écrire, qu'il n'y a pas de technique mais une solution: lire, énormément.

Il m'est impossible de dater l'instant premier d'écriture. Je sais pourtant qu'il a existé. À ce titre, il s'apparente à une naissance: on y est sans y être. On vit, mais on ne le sait pas.

Mais je me souviens.

De l'urgence et de la solennité du geste. Je devais avoir 10 ans. On m'avait offert un carnet rose à fleurs avec une couverture rigide qui se fermait grâce à un cadenas. Je le verrouillais une fois le travail fini et cachais la clef dans le tiroir de ma table de chevet. Tout devait rester secret.

"J'AVAIS LA MANIE DE CHERCHER DES MOTS RARES, COMPLEXES."

De la fierté éprouvée à chaque phrase terminée. J'avais la manie de chercher des mots rares, complexes, dont je ne connaissais pas véritablement le sens. Là encore, je cherchais à créer mes hiéroglyphes. Je me sentais invincible: j'étais illisible. Aujourd'hui, mon plus grand ennemi reste le dictionnaire des synonymes.

De l'incroyable pouvoir ressenti au bout de mes doigts. J'avais en moi des idées grandioses qui ne demandaient qu'à sortir et qui allaient peut-être changer le monde. Erreur bien ordinaire et fatale que Sartre a racontée mieux que moi dans *Les Mots*, le seul livre de lui que j'ai compris et aimé. « Longtemps j'ai pris ma plume pour une épée: à présent je connais notre impuissance. N'importe: je fais, je ferai des livres; il en faut; cela sert tout de même. »

Je ne sais toujours pas ce qu'écrire veut dire. Je révise souvent ma copie, je déplie ma carte. Je cherche un territoire mouvant qui ne se laisse pas conquérir.

Mais je fais, je ferai des livres. Et en prenant chaque jour la mesure de l'infinité des combinaisons possibles, j'ai la folie de croire, un peu encore, à la puissance de la littérature.

JULIEN BRY

•

LA PLUME D'UN PHÉNIX

Né à Decize, dans la Nièvre en 1986, Julien Bry est un enfant qui pense et cherche à comprendre le monde. Il écrit ses premiers poèmes dès qu'il sait tenir un stylo. Parce que ses années scolaires sont un échec, il s'engage dans l'armée au 92e RI de Clermont-Ferrand en 2005. L'écriture le quitte peu à peu, non par manque d'envie mais bien de temps. Or, en 2013, un événement marquant va lui remettre la plume en main. Auteur du livre *Le Regard vide* (Amalthée, 2020) traitant de son syndrome de stress post-traumatique durant l'opération Serval au Mali, Julien Bry revient sur ce qui l'a poussé à écrire, ou plutôt à réécrire.

LA PLUME D'UN PHÉNIX

•

Aujourd'hui encore, je veille chaque soir avec une envie inexplicable d'écrire. Je ne saurais dire si c'est par plaisir, ou pour ce bien que l'écriture m'a fait. Comme si je courais après quelque chose de peu palpable, le bonheur peut-être? Cette sensation d'échapper à la pensée, aux problèmes qu'implique le quotidien de l'ancien militaire que je reste.

J'avais 7 ans et cette envie, déjà, de jouer avec les mots. « Mes fraises » et « Mes frères » sont mes premiers poèmes. L'écriture était un jeu, un amusement, un plaisir, certes, mais, au grand jamais, me semble-t-il, une façon de survivre à la peur, à la peine.

Mais c'est en 2013 que l'écriture a pris une autre tournure. Je suis alors dans l'armée depuis plus de sept ans lorsque, en pleine mission de reconnaissance au Mali, je suis soudain victime d'hallucinations. Devant mes yeux, je revis l'attentat suicide dont j'ai été témoin quelques mois plus tôt, en Afghanistan. De retour en France, j'ai ressenti le besoin vital d'extérioriser les blessures que m'avait laissées cette mission – des blessures invisibles et pourtant profondes. Sur les conseils de ma psychothérapeute, il fallait que je fasse sortir ce démon coûte que coûte. Et plus j'écrivais, plus ces mots résonnaient, plus ils me raisonnaient, plus j'oubliais que je souffrais. Alors, oui, ce confort, au rythme des crampes, des ampoules, semblait éphémère. Toutefois, l'insomnie me parut plus douce, en tout cas je m'en accommodais. Bien sûr, ces nuits blanches, à griser sur le papier, m'ont permis d'y voir plus clair. Mon premier ouvrage, *Le Regard vide,* fut mon échappatoire, mon complice, cette main courante qu'on longe lorsque aucune perche ne nous sied.

"PLUS J'ÉCRIVAIS, PLUS CES MOTS RÉSONNAIENT, PLUS ILS ME RAISONNAIENT."

En vérité, avant de me lancer dans l'écriture de ce récit, j'avais déjà rédigé des textes brefs – que je rendais lisibles à force de gommages et de réécriture –, mais je n'avais jamais écrit avec les tripes et les pleurs. Finalement, c'est comme si ce loisir était devenu un travail. Un travail sur soi et pour soi, si ce n'est pour les autres, pour ceux qui pourraient trouver dans le récit d'une vie de soldat telle que la mienne un certain réconfort, une voix qui leur dit : « Non, vous n'êtes pas seuls. »

Ce livre, je l'ai écrit sur des plages, seul, à des terrasses de cafés, mais le plus souvent chez moi. Je n'avais pas de bureau mais une petite table d'appoint. Les volets restaient clos, j'enchaînais les cigarettes. Ce que je préfère, c'est cette solitude, lorsque le flow me prend et que les heures passent sans cesse et sans que je ne surveille le sablier, depuis longtemps à l'horizontale. Je l'ai écrit comme on écrit un scénario, car mon souvenir était visuel et auditif. J'écrivais sans pudeur ce que je voyais encore devant mes yeux ouverts. Je l'ai mis en forme sans aucune volonté de le lire, mais parce que je devais donner forme à ce mal pour le mettre au feu, à la poubelle, sur une étagère à prendre la poussière du temps, celle qui estompe.

Mais ma mère, elle, ne le voyait pas de cette manière. Elle estimait que des mamans, des chéries ou d'autres victimes apprécieraient sans doute de mettre le doigt sur ce genre de témoignage. Au hasard, je proposai le manuscrit à mon chef de corps, pour avis. Il fit l'éloge du récit et m'encouragea, comme ma mère plus tôt, à porter ce message comme un partage d'espoir.

Je me souviens parfaitement de la sensation ressentie lors de l'ouverture du contrat de la maison d'édition. J'ai ri, pleuré, sans muscle pour me maintenir, je tombai à genoux. Vous savez, je n'avais pas ressenti la joie depuis le retour du Mali, et cet excès d'émotion, six ans plus tard, a eu raison de mon corps. J'ai craint de rechuter : pour moi, les larmes apparaissaient comme le symptôme précurseur d'un retour à la dépression post-traumatique. Je n'avais encore jamais pleuré de joie.

"J'ÉCRIVAIS SANS PUDEUR CE QUE JE VOYAIS ENCORE DEVANT MES YEUX OUVERTS."

J'éprouve une certaine excitation à former ces lettres, arrondies, exiguës, entremêlées par des barres et des points, jusqu'à la formation du mot, puis de la phrase qui, somme toute, m'émerveille. L'esthétisme, du caractère lui-même ou de la syntaxe dans son entièreté, me procure un sentiment de satisfaction sans nom. Je me suis accommodé à la symphonie de l'écriture car, oui, écrire est bruyant, écrire nous chante, nous touche, nous joue de son plus bel instrument, nous murmure des messages plus extraordinaires les uns que les autres. Du son de ma plume sur ces supports bavards, aux « clap-clap » rythmés du clavier en passant par le crissement d'une rature, le couinement de cette chaise en bois que je recule pour m'étirer, revenir dans le monde normal. Cette tasse de café que je dépose sur ma table, dont l'odeur s'assimile définitivement à cette pratique, la pierre de mon briquet allumant ma cigarette, à ma première bouffée. Tout ça, c'est « écrire ». Écrire sent le café.

Mais je ne crois pas qu'écrire ce soit être écrivain. Je crois que l'on devient écrivain selon la réception de ceux qui nous accordent ou non la fierté d'être lu. Pour être écrivain, il ne suffit pas de publier, comme moi, un récit de vie se résumant à parler avec son cœur d'un sujet rempli d'émotions. Pour moi est écrivain celui qui touche les gens en inventant des histoires. Ainsi, et selon moi, l'écrivain n'est pas nécessairement un lecteur. Pour ma part, paradoxalement peut-être, je déteste lire. Je me souviens d'un cours, auquel j'ai assisté lorsque je préparais mon bac, consacré à la question suivante : « Pourquoi est-il important de lire et écrire ? » Le professeur affirmait que lecture et écriture étaient indissociables, qu'elles s'apparentaient au même art. Et pour appuyer son propos, il me dit :

"ÉCRIRE EST BRUYANT, ÉCRIRE NOUS CHANTE, NOUS TOUCHE, NOUS JOUE DE SON PLUS BEL INSTRUMENT."

« Si un écrivain se retrouve sur une île déserte, et ne peut apporter qu'une seule chose, il prendra avec lui un livre à lire. » J'ai trouvé cette hypothèse très poétique mais peu pertinente… Je lui ai répondu :

« Est-ce qu'un peintre aurait emporté la toile d'un autre ?

— Non, sans doute un pinceau et de la peinture…

— Soyez-en sûr, Monsieur, l'écrivain se suffira d'un stylo et de feuilles sur cette île, il n'aura pas besoin d'avoir de quoi lire. »

Eh bien ! pour moi, c'est pareil. Mon île est cette vie, le temps ma contrainte, et j'ai choisi d'écrire. En revanche, aujourd'hui en licence de lettres modernes, je dois avouer que je n'ai pas le choix. J'ai appris à lire différemment grâce au livre *Le Colonel Chabert*, de Balzac, qui dépeint l'épopée d'un colonel sous l'Empire, laissé pour mort en Russie et qui met dix ans à revenir à Paris pour se confronter à la Restauration, encline au capitalisme et qui ne veut pas de lui. Parce que dix ans, c'est le temps dont j'ai eu besoin pour revenir parmi vous. Sans jamais réussir, aujourd'hui encore, à me fondre dans ce moule. Je demeure nostalgique de l'époque où j'étais cet autre moi : innocent, jeune et optimiste. J'ai également apprécié Camus, notamment ses essais figurant dans *Noces* où il décrit le rapport entre l'homme, la nature et le temps qui passe inexorablement sur eux. Ces essais évoquent le *memento mori*, c'est-à-dire que nous devons nous rappeler que dès notre premier jour, nous sommes condamnés. Ainsi, la morale réside dans l'idée qu'il incombe à chacun d'optimiser la moindre seconde à vivre. Si j'avais déjà cette pensée sans savoir l'expliquer, Camus a éclairci mon ressenti. À des gens comme moi, qui n'aiment pas tellement lire ou qui s'ennuient de cet exercice, je leur conseillerais des récits de vies qui pourraient les toucher, sinon des textes brefs. Pourquoi pas *Les Filles du feu*, de Gérard de Nerval ou encore, dans le même genre, *Les Fleurs du mal*, de Baudelaire.

Mon objectif est de devenir conseiller principal d'éducation. Le chemin est long et semé d'embûches, je le sais. Pour commencer, ce métier nécessite un master et une culture générale importante afin de réussir le concours. Passer par les lettres m'a paru évident. Je gardais en tête la solution de pouvoir arrêter du jour au lendemain, pour entreprendre autre chose, mais j'ai trouvé un intérêt particulier à perfectionner mon écriture, mon ouverture au monde et en particulier au monde artistique. De manière générale, l'art est un joli refuge offrant un large panel de pratiques. Je compare souvent l'écriture à la peinture, même si, à mon sens, les

"PASSER PAR LES LETTRES M'A PARU ÉVIDENT."

mots ont une autre importance : celle de dire au travers des pages. Nous avons tous, humains, une facette créative en nous. Qu'elle soit active ou en sommeil, elle n'attend que d'être exploitée. Je crois que chacun doit pouvoir décider du moment propice pour laisser sa plume aller là où il faut qu'elle aille. Ce qui est sûr, c'est qu'écrire est un traitement thérapeutique salvateur et que rien ne se perd à essayer.

RÉMY CORTES

•

ATTENTION, LES JEUNES !

Rémy Cortes est né à Salon-de-Provence. Quand il a 2 ans, sa famille déménage à Brest. Il y grandit jusqu'à ses 20 ans. Il y découvre plein d'activités : les échecs, le skate, le théâtre. À 20 ans, il déménage au Havre pour intégrer son master de création littéraire. Il aime le cinéma. Il vit encore au Havre aujourd'hui, où il travaille pour le Labo des histoires Normandie.

ATTENTION, LES JEUNES !

J'écris pour être autre chose que ce que je suis. J'écris pour devenir Belmondo, en quelque sorte, à ma manière, pour faire advenir en moi la vivacité de la version la plus explosive de Belmondo. Je me suis toujours accroché à cet objectif. Malheureusement, les années passent, et je ne suis toujours pas le « Rémy belmondonien » que j'avais prévu de devenir, ce Rémy fantastique qui aurait émerveillé les foules par sa générosité électrique, qui aurait réveillé le gosse en chacun par sa vigueur épatante (une vigueur littéraire en ce qui me concerne, que j'aurais tirée d'années de forage littéraire intensif). J'en ai passé des heures à gribouiller, oui, j'ai bossé dur pour me *déployer* et *devenir un rêve*, portraits de Belmondo à l'appui, mais je constate aujourd'hui que l'écriture ne m'a pas permis de déployer autre chose que des problèmes de nuque.

Pourtant, à l'origine, je tenais le truc, j'y étais, vraiment. J'avais 19 ans, c'était le début de l'été, et je partais faire du skate avec un recueil de Pasolini dans la poche. J'allais rouler avec mes potes au skatepark toute l'après-midi et j'avais un Pasolini dans la poche, personne m'y avait forcé. Je bouquinais un poème par-ci, un poème par-là, je me délectais de Pasolini en buvant un verre de vin, en levant les yeux hors du livre pour digérer ses mots. Je laissais les effluves me pénétrer, puis j'ai laissé ma tête devenir poreuse jusqu'à l'effluve, et j'ai finalement acheté un carnet adapté à mes poches pour me lancer à mon tour. Faut dire qu'avant Pasolini, ça avait été Tolstoï, qu'avant Tolstoï, ça avait été Gogol et ainsi de suite, j'avais bien lu, bien ingéré, je m'étais cultivé jusqu'à ras bord et je voulais maintenant m'exprimer, *écrire*, pour rejoindre ces artistes que j'essayais d'admirer. En ce début d'été 2019, à Brest, mon esprit jubilait de se sentir en train de pénétrer les sphères de la création, il pensait aux grands artistes et s'abreuvait de leurs grands noms. Il jouissait par murmures : « Maintenant j'écris, maintenant je fais partie de leur univers, maintenant je vis dans la même dimension qu'eux ! » J'ai commencé par des poèmes (c'était le plus simple), le regard absorbé dans le monde. Je n'étais plus que ce que j'absorbais, j'en avais fini avec *moi*, je n'étais qu'*extérieur*. C'était la conclusion de mon existence de *figure cheminante*, je m'ouvrais enfin à la souplesse qui réveillerait le tigre belmondonien en moi, cet être illimité béni par la chance. J'avais gagné tellement peu d'argent cet été-là que j'ai fini par me trouver dans un état de disponibilité totale vers septembre, mon attention et mes sens intégralement libérés pour le *dehors* qui me gorgeait, qui me fourrait de ses mille inspirations fantastiques. Je m'enfilai bière sur bière en écrivant des poèmes à trois mots par ligne comme Bukowski, je disais tout de l'amour et de ses duperies, je révélais les petites merveilles du quotidien et j'en faisais des cosmos. C'est à ce moment que je me suis décidé à fumer sérieusement. Mon carburant était devenu la cigarette depuis l'achat

"J'AI LAISSÉ MA TÊTE DEVENIR POREUSE JUSQU'À L'EFFLUVE."

d'une cartouche de *Sparta* lors d'un voyage à Prague avec des potes, où j'ai compris qu'une bonne clope en terrasse avec du *Brian Jonestown Massacre* me suffisait pour bombarder mon carnet d'idées géniales durant cinq minutes. J'ai commencé à enchaîner les cigarettes pour étendre ces cycles de cinq minutes à l'infini. J'écrivais des récits dingues où des humains se transformaient en tanks, juste parce que la nicotine me le disait. J'approchais du pic, du *climax*. Je m'admirais enfin moi-même, et j'étais prêt à laisser le monde le faire à ma place. Mais le sérieux s'est pointé et l'élévation s'est interrompue.

On a commencé par lire régulièrement dans un parc avec un pote. Des ouvrages denses, de la grosse prose bien costaude, Miller, Musil, des trucs qu'on aurait été fiers de terminer. On pensait pas à mal, on mangeait même plein de pâtisseries en lisant, mais c'était déjà plus pareil. On buvait moins, jusqu'au jour où on s'est carrément contentés de café. J'ai fini par déraper : plus de clopes pendant l'écriture, je parlais d'« assumer ma démarche », de « porter les choses jusqu'au bout », mon pote citait Artaud en parlant de « l'importance de garder un œil d'intelligence dans le délire », la cata, on s'était fait couillonner en beauté avant d'avoir l'âge pour. J'ai remplacé le café qui remplaçait l'alcool par le thé pour « préserver ma capacité d'attention », je ne fumais plus qu'une maigre cigarette par jour pour « éviter de me polluer le corps et l'esprit » ; résultat, au moment où je me suis retourné, c'était terminé. J'avais tellement eu peur de me berner que c'était chose faite : j'étais devenu fragile, et j'écrivais des trucs aussi timides que les textes des autres. Des trucs subtils, des trucs pertinents, des trucs ironiques, bref, des trucs prudents. J'ai essayé de refumer un peu plus, à nouveau, en

"J'ÉTAIS DEVENU FRAGILE, ET J'ÉCRIVAIS DES TRUCS AUSSI TIMIDES QUE LES TEXTES DES AUTRES."

espérant que ça me stimule la citrouille, que ça m'aide à retrouver la fougue de ma jeunesse, mais c'était trop tard. J'ai pensé de moins en moins à Belmondo, et de plus en plus à sauver mon cas, mes textes comme mes lectures ne parvenaient plus à parler d'autre chose que de ça, *sauver mon cas*. Et aujourd'hui, quand je repense à la vitesse avec laquelle cette défaite m'est tombée sur la gueule, il me vient une pensée que j'aimerais adresser aux jeunes scribes du monde entier : attention, les jeunes ! Les roses fanent plus vite qu'on le croit, c'est la triste mais véridique vérité. Amusez-vous, régalez-vous, allez-y merde, déployez-moi tout ça ! Ne finissez pas comme moi, moi qui étais l'élu, moi mais qui ai attrapé la trouille au lieu de rester l'élu. Si vous ne faites pas gaffe, vous ne serez plus bientôt plus capables que d'appeler à l'aide, que de pousser des cris réclamant tantôt le succès, tantôt la vérité. Augustin Trapenard ! François Rabelais ! Des petits cris qui vous boufferont à vous faire perdre pied : Belmondo ! Beeeeelmoooondooo ! Kafka ! Des cris infâmes qui vous rongeront tellement que vous ne serez plus vous-même, plus le dehors, mais plus que ces cris : Drucker ! Cervantès ! François Rabelais ! Ne devenez pas comme moi, les enf… — MICHEL DENISOT ! Non, non… — MISHIMA ! RUQUIER ! BOUDDHA ! ANNE-ÉLISABETH LEMOINE ! JOSIPOVICI ! Sauvez-nous, les jeunes, sauvez-moi mes petits-enfants, moi qui ne rêvais que de… JE VOUS EN PRIE ! À MOI, L'ÉCRITURE ! À MOI, LA MÉTAMORPHOSE !

"LES ROSES FANENT PLUS VITE QU'ON LE CROIT."

ASTRID ÉLIARD

•

IL ÉTAIT UNE VOIX

Astrid Éliard est enseignante et auteure. Elle a signé plusieurs romans et recueils de nouvelles, principalement au Mercure de France. Elle a reçu le prix Folio des lycéens pour *La dernière fois que j'ai vu Adèle* et le prix Marcel Pagnol pour *Danser*.

IL ÉTAIT UNE VOIX

•

Il y a un peu plus de quarante ans, par une nuit d'automne froide et brumeuse, une lumière a traversé la chambre où nous nous remettions de ma naissance, ma mère et moi. Elle dormait mais, moi, j'avais les yeux grands ouverts, ainsi j'ai pu voir que la lumière provenait d'un petit insecte phosphorescent à peine plus grand qu'une mouche. Un papillon ? Non, pas un papillon – en cette saison, vous pensez –, une fée. Elle battit des ailes, semant de la poudre d'or sur le lino jusqu'à mon berceau. « Toi, dit-elle, petit avorton tout violet (je devais cette couleur à un angiome), je veux te faire un don. Ce sera… (elle chercha quelques secondes pour varier un peu, parce que je n'étais pas la seule à bénéficier de ses largesses et qu'elle avait d'autres chambres à visiter)… le don des histoires. »

Ce serait pratique de pouvoir enfermer une vocation dans un récit unique. Une histoire qui prendrait sa source dans un événement cardinal. Pour moi, il n'y eut ni fée, ni marraine providentielle qui me transmit son amour des mots (et encore que… la mienne s'appelait Anne-Lise, elle avait un délicieux accent norvégien et était fan de *Jane Eyre*), ni stylo fétiche. Les objets ne sont magiques que dans les contes. J'ai même commencé par dénigrer le premier carnet dans lequel j'ai *vraiment* écrit. Il m'attendait sur le bureau de la chambre que j'occupais chez une correspondante américaine, dans la banlieue de Boston. Sa mère l'avait pointé du doigt en disant : « Cadeau de bienvenue. C'est important que tu écrives tout ce qui se passe. Tu le feras ? » J'avais acquiescé, en pensant qu'elle était bien mignonne, mais que je n'avais pas traversé l'Atlantique pour gribouiller dans un carnet. J'étais beaucoup plus intéressée par le fait d'avoir *ma* chambre – un lit comme un nuage, de la moquette vieux rose d'au moins 4 cm d'épaisseur et une salle de bains, rien qu'à moi, avec des petits savons en rang d'oignon bordant la baignoire. Cela étant, le carnet – reliure à spirales, couverture cartonnée, pages jaunes non quadrillées, tout le contraire d'un cahier de collégienne – m'a vite attrapée. Dès le premier jour, je me suis mise à écrire frénétiquement. Je n'avais pas prévu que ce serait aussi grisant, addictif, de documenter le présent. Même les toutes petites choses, *surtout* les toutes petites choses. J'ai gardé depuis cette obsession pour le minuscule, l'insignifiant qui, une fois pris dans les filets de l'écriture, se charge de sens et de symboles.

"POUR MOI, IL N'Y EUT NI FÉE, NI MARRAINE PROVIDENTIELLE QUI ME TRANSMIT SON AMOUR DES MOTS."

On me demande souvent comment l'écriture est arrivée dans ma vie. Est-elle seulement *arrivée* ? D'où ? Par quel chemin ? Je crois que si je possède l'écriture (je vis avec la crainte que je pourrais la perdre), c'est qu'elle m'était utile et peut-être même vitale. Elle a sauvé ma voix, et il ne faut pas sous-estimer tout ce qu'on sauve en défendant sa voix. Pensez à la *Petite Sirène*.

Premier souvenir de ma voix : ma tête écrase le manuel *Yves et Béatrice* avec lequel j'apprends très, très laborieusement à lire, en CP. Je fais des heures supplémentaires, avec ma mère. « Oi-seau. Oi. Oi, me dit-elle. Comme le petit chien qui fait wa-wa. » J'essaie de répéter à sa suite. Je ne vois pas du tout le rapport avec le chien. Je sors un son, mais ce n'est pas le bon, je n'y arrive pas, ce [wa] indéchiffrable, imprononçable, me résiste. Ma voix se terre à l'intérieur de moi-même, comme un animal effrayé.

J'ai longtemps eu peur de ma voix, non pas de celle qui chantait – j'adorais, j'aime toujours chanter –, mais de celle qui parlait. Est-ce que je craignais d'être entendue ou plutôt *mal*entendue ? Est-ce que je redoutais le pouvoir des mots, qui régentent tant de choses dans nos vies : nos liens, nos actes ? Toujours est-il que j'étais la reine des points de suspension, des phrases foireuses, toujours trop courtes ou trop longues, souvent obscures, rarement achevées. Deuxième souvenir de ma voix : je parle, et plus mon récit avance, plus le visage de mon interlocutrice se ferme, je vois un sillon se creuser au milieu de son front. Ses sourcils s'arc-boutent. Elle est complètement larguée, c'est comme si je m'adressais à elle dans une langue étrangère. Et moi, de lire l'incompréhension puis l'impatience dans ses yeux, ça me panique, alors je m'accroche à des images, des métaphores, pour que ma pensée soit plus lisible, plus efficace, mais c'est pire. J'avais une minute pour m'exprimer et c'est... terminé. Raté.

"J'ÉTAIS LA REINE DES POINTS DE SUSPENSION, DES PHRASES FOIREUSES, TOUJOURS TROP COURTES OU TROP LONGUES."

Dans le milieu qui m'a vue grandir, il importait peu que les filles aient une voix pour exprimer ce qui se tramait dans leur tête ou leur cœur. Il fallait avant tout qu'elles soient jolies, agréables et bien habillées. J'imagine que, de l'autre côté, les garçons étaient invités à se salir, grimper aux arbres, et parler, car nous – mes sœurs et moi – les regardions faire et nous les écoutions, et nous ne nous demandions même pas s'ils étaient drôles, spirituels, intelligents, avant d'éclater de rire à leurs histoires. Le silence était notre place. Il allait de pair avec notre joli minois.

Je ne voudrais pas avoir l'air de cracher dans la soupe, mais ça ne m'a vraiment servi à rien d'être jolie. Ma famille y voyait un pouvoir, un gage de réussite aux examens, entretiens d'embauche, concours. On me disait : « Jolie comme tu es, ça va bien se passer. » Je vais réécrire la phrase en ajoutant le sous-entendu pour que vous saisissiez le problème : « Jolie comme tu es, tu n'as qu'à répondre "cancoillotte" à toutes les questions qu'on te posera, parce qu'au fond, l'essence de ce que tu dis n'a que peu d'importance. Ça va bien se passer. » Moi qui étais déjà fâchée avec ma voix, parler est devenu ma bête noire. Plus les années passaient, moins j'étais capable de dire le monde et qui j'étais. Alors, forcément, l'écriture est devenue mon refuge – l'écriture étant le seul endroit sur la planète où vos interlocuteurs seront d'une patience infinie, où vous ne les verrez pas hausser le sourcil, ni vous couper la parole. Ils vous laisseront le temps nécessaire pour raturer, peser, balancer, trouver, enfin, le mot juste. Je me suis rendu compte que si les paroles vives étaient souvent à *peu près,* l'écriture faisait efficacement la mise au point. Je me suis acheté des dictionnaires, de toutes sortes, des « en cinq tomes », des grands, des petits, des mous, comme une attelle pour ma voix fragile, puis j'ai toqué à la porte des rédactions. Je voulais être journaliste. J'ai été embauchée sur un article où j'avais mis trois *t* au mot « lutte ». Je ne me voyais pas – mais alors pas du tout ! – comme une battante, et pourtant, il me fallait vaincre le

> "L'ÉCRITURE EST DEVENUE MON REFUGE."

maléfice du «jolie comme tu es», qui m'avait poursuivie jusque-là. Dans les couloirs, mes collègues me glissaient discrètement que je pouvais me dispenser de préparer des questions intelligentes pour les interviews. Elles étaient accessoires, puisqu'*on ne m'écouterait pas.*

À une époque où j'écrivais huit heures par jour en cachette de tous, y compris de mon chat, un auteur m'a dit avec un air de vieux sage : « La main qui écrit n'est que le prolongement de la voix qui parle. » J'avais 20 ans et j'étais prête à gober n'importe quel enseignement concernant l'écriture. Moi, l'aspirante écrivaine qui parlais une langue asthmatique même pour mentionner le soleil qui brille ou la pluie qui tombe, je me suis sentie révoquée. Oh, pas longtemps, parce que l'écriture était là, qui bouillonnait et qui se foutait pas mal de mes incompétences. Disons qu'elle avait trouvé son chemin. J'avais des milliers de voix dans ma tête qui ne demandaient qu'à parler. J'ai envoyé promener la leçon du grand écrivain.

"L'ÉCRITURE ÉTAIT LÀ, QUI BOUILLONNAIT ET QUI SE FOUTAIT PAS MAL DE MES INCOMPÉTENCES."

De mes apprentissages laborieux, de cette fracture entre ma voix *intérieure* et ma voix *extérieure,* j'ai développé, je crois, un rapport plus singulier et peut-être plus créatif au langage. Je ne sais combien d'expressions populaires j'ai réécrit malgré moi. On se moquait parce que je *cherchais midi pendant quatorze heures* ou parce que j'entendais *des histoires à me coucher debout*. Sans le savoir, je menais mes petites expérimentations, je découvrais que les mots sortent facilement de leur moule. Ils sont libres. On en déplace un, et le comique, l'étrange, le déséquilibre, le charme, une émotion inattendue surgissent. Petit à petit, écrivant toujours (et souvent à voix haute), je me suis réconciliée avec ma voix. Plus tard, mes livres m'ont appris qu'elle comptait, qu'on l'*écoutait*. Plus fort encore, que ma voix avait le pouvoir d'en générer d'autres qui s'exprimaient par d'autres bouches, depuis d'autres vies que la mienne.

Si je n'avais pas pratiqué l'écriture comme je le fais, quotidiennement, sur papier, ordinateur, smartphone, dans mes pensées, partout, tout le temps, je crois que ma voix serait restée coincée à l'intérieur de moi. Pétrifiée par le regard des autres, le contrôle social, embarrassée par mon enveloppe corporelle. Elif Shafak, cette écrivaine turque que j'aime tant, me l'a dit un jour, comme une mise en garde : « Nous, les femmes, nous avons notre corps à porter. » Écrire m'a libérée de ce poids, m'a fait sortir du petit carré dessiné à la craie qu'on avait prévu pour moi et à l'intérieur duquel j'aurais mené une vie muette.

GAËL FAYE

•

GISEMENT D'ENCRE

Franco-rwandais, Gaël Faye est né au Burundi en 1982. À la fois auteur-compositeur-interprète, rappeur et écrivain, il est aussi influencé par les littératures créoles que par la culture hip-hop. Après plusieurs collaborations, il sort son premier album solo, *Pili Pili sur un croissant au beurre*, qui paraît en 2013. En 2016, il publie son premier roman, *Petit Pays* (Grasset). Largement salué par la critique, il est adapté au théâtre et au cinéma et obtient notamment le Goncourt des lycéens. Son dernier album *Lundi méchant*, sorti en 2020, est acclamé par le public (multiples nominations aux Victoires de la musique, et disque d'or). Gaël Faye a récemment sorti *Mauve Jacaranda* (2022), qui vient clôturer la trilogie botanique (*Rythmes et botanique*, *Des fleurs*), et l'EP *Ephémère* (2022) en collaboration avec les artistes Grand Corps Malade et Ben Mazué.

GISEMENT D'ENCRE

•

J'écris plein de ratures, de fautes, d'éraflures
Bitume littérature, j'écris pour tomber l'armure
Forage de béton armé, mon cœur un gisement d'encre
La mine et le papier dialoguent dans un crissement tendre
Méfie-toi de c'qui s'trame derrière mon visage calme
J'écris le feu, le fracas, les cris, le vacarme
J'écris depuis des lunes, l'infini ou l'infime
Que ce soit la plume ou l'épée, y'a que la pointe qui s'exprime !

S'ENGAGER POUR L'ÉCRITURE

C'est au Japon, pays de la calligraphie, que le premier stylo Pilot voit le jour en 1918. Grâce à sa plume en or qui le préserve de la corrosion lors des voyages en mer, ce nouvel outil d'écriture accompagne l'ouverture de l'archipel aux échanges internationaux. L'histoire de la firme Pilot est ainsi, depuis ses origines, faite d'échanges et de partage, mêlant l'art et la tradition de la calligraphie japonaise aux innovations techniques les plus pointues. Mais c'est aussi une histoire d'engagement : celui de rendre accessibles à tous les meilleurs instruments d'écriture qui soient. Des outils innovants, performants et durables, qui s'adaptent à tous les usages et à tous les besoins.

Depuis sa fondation, la philosophie de Pilot défend l'idée qu'écrire à la main est un geste fondamental. Il permet de s'exprimer, de créer, de structurer sa pensée et de nous lier les uns aux autres. Pilot met ainsi son énergie et son savoir-faire au service de l'expression et de la créativité.

Dans la continuité de cet engagement, la marque encourage les initiatives concrètes en faveur de l'écriture et de sa diffusion.

ÉCRIRE POUR CHANGER SA VIE

Le Labo des histoires est une association nationale d'intérêt général, qui encourage les jeunes à écrire et à faire de l'écriture un moyen d'insertion culturelle et sociale. Il mène chaque année plus de 2 500 ateliers d'écriture créative pour les 6-25 ans dans toute la France hexagonale et ultramarine.

#STOPILLETTRISME est la première et l'unique association d'entreprises engagées pour apporter des solutions concrètes qui renforcent les compétences et l'inclusion sociale des salariés en situation d'illettrisme, d'analphabétisme ou d'illectronisme.

Ouahybah a pu suivre une formation certifiante proposée et encouragée par son entreprise Samsic, tout en bénéficiant du tutorat de Rofida et Patricia, salariées de l'entreprise cliente Crédit Agricole Assurances.

labo des histoires
donner envie d'écrire

#STOPILLETTRISME
Réseau d'entreprises solidaires

L'éditeur de cet ouvrage s'engage dans une démarche
de certification FSC® qui contribue à la préservation
des forêts pour les générations futures.

Pour en savoir plus :
www.editis.com/engagement-rse/

Imprimé en septembre 2023 par Chirat en France

744 rue de Sainte Colombe - 42540 Saint-Just-La-Pendue